天皇と国民をつなぐ大嘗祭

高森明勅

展転社

はじめに――「民の大嘗祭」という視点

今年（令和《れいわ》元年）の十一月には、あたらしい天皇陛下のご即位にともなう大嘗祭《だいじょうさい》が厳粛に執り行われる。このような時期に大嘗祭への関心が高まるのは自然だろう。しかし、大嘗祭についてのイメージは、なお一般に漠然《ばくぜん》としているのが現状ではなかろうか。

これまで、天皇が毎年行われる恒例の収穫祭である新嘗祭《にいなめさい》と、天皇のご即位にともなうご一代に一度かぎりの皇位継承《こういけいしょう》儀礼である大嘗祭との、基本的・本質的な区別が十分に整理されないままできた。

それが明らかにならなければ、新嘗祭とは別にわざわざ大嘗祭を行わなければならない理由が見えてこない。

また、皇位の継承にともなって、皇室が皇位の〝しるし〟として伝えてきた「三種の神《じん》器《ぎ》」を受けつぐ儀式が行われる。あたらしい天皇陛下の場合は、すでに令和元年の五月一日に「剣璽等承継《けんじとうしょうけい》の儀《ぎ》」（国事行為）および「賢所《かしこどころ》の儀」（皇室の行事）として、つつがなく行われた。

これに加えて、天皇が高御座《たかみくら》にのぼられて即位のことを宣明《せんめい》される即位式が挙行されるのも、長年にわたる伝統だ。今上陛下《きんじょうへいか》の「即位礼正殿《そくいれいせいでん》の儀」（国事行為）は今年の十月二十二日に予定されている。

前者によって、天皇が皇祖《こうそ》以来の〝血統と精神〟を正しく受けついでおられること（世襲）が確認される。後者は、天皇がまさに日本における国家の公的な秩序の頂点（日本国の象徴）の地位につかれたことを表示する意味をもつ。

これらの重大な儀礼がおこなわれたのに、あらためて大嘗祭という大がかりな祭儀が厳《げん》修《しゅう》される。それはいったい、何のためなのか。神器の受けつぎや即位式には欠けている、大嘗祭固有の意義とは何か。

この点が明確にならなければ、あえて大嘗祭を行う必要性も説明できないだろう。

本書のねらいのひとつは、できるかぎり明快な大嘗祭の像を提示し、それによって上記の問いに真正面から回答を与えることにある。

もちろん、ひとりの人間が、大嘗祭をトータルに論じ尽くすことなど、ほとんど不可能であろう。したがって、視点をかぎらなければならない。本書は、「民《たみ》の大嘗祭」という視点を設定する。

この視点は本書独自のものである。が、今後は批判と検証を経て、普遍化されるべき視点であると考える。

ここで本書の視点について、あらかじめ簡単に説明を加えておこう。

本文中でくわしくふれるが、歴史的に毎年宮中《きゅうちゅう》で行われてきた新嘗祭から大嘗祭を区別、し、この大祭《たいさい》を皇位継承にともなう天皇のご一代に一度の重大な祭儀たらしめるのは、それが民（公民《こうみん》・国民）の参画《さんかく》と奉仕によっておもに支えられていることである。

従来、もっぱら「天皇の」大嘗祭としてのみ理解され、説明されることが多かった。しかし、この祭りを成り立たせている基盤、本質的な契機《モメント》として、民の参画・奉仕を見逃すことはできない。

したがって、大嘗祭について考える場合、大嘗祭成立の基盤というべき民の関与（参画・奉仕）の意義を正面にすえて検討しなければならないはずだ。

本書で設定した視点としての「民の大嘗祭」とは、大嘗祭の基本的な構成要素をなす、同祭における〝民の参画と奉仕の体系〟を指すものに他ならない。つまり、「天皇の」大嘗祭とは別に、独立した「民の」大嘗祭なるものが実体としてあるのではもちろんない。

大嘗祭の明快な像を、本質を外さずに描くためには、そこでの民の関与の側面を、ひとつの大切な独自の範疇《はんちゅう》としておさえなければならないということだ。

大嘗祭の本質をいい当てるためには、天皇と民との有機的でダイナミックな関係性の中にこそ、その核心を探らなければならないだろう。

本書では、大嘗祭への民の参画・奉仕の意味を重くみることを、一貫した方法的立場として採用する。

大嘗祭は、遠い昔に滅び去った古《いにしえ》の祭儀ではない。「かたち」だけがかろうじて存続し、その保存策を苦慮しなければならぬ文化財や文化遺産といったものでもない。天皇と国民との関係性の中で、こんにちなお健やかに息づく古態的《アルカイック》な祭儀である。私たちが大嘗祭を考える場合の大きな魅力と困難も、この点にこそある。

「わたしたちがこの高度な情報社会の真っただ中にあって、いまだに天皇という古さびた制度とともに生きてあることの不可解さ」を口にした人がいる。

しかし、そのことに劣らず不可解なのは、大方《おおかた》の生活者が、一部の知識人を悩ませるそのような「不可解さ」をいっこう意に介さず、平然としてその〝不可解さ〟に支えられて、生活しているという事実なのかもしれない。

御代替《みよがわ》りとは、平常見過ごされ、忘れ去られているようなことが、あらためて新鮮な問題として見直され、問い返される時期である。

日本とは何か。日本の国民としての自己とは何か。大嘗祭への問いかけも、そうした切実な、かけがえのない問いとして提起される。

本書では、私たちのこんにちにとって大嘗祭とは何であり、また何であり得るのかというすぐれて実践的・主体的な問題意識から、大切と思われるテーマのいくつかについて、いささか試掘《しくつ》を行うつもりである。

天皇と民の動態的《ダイナミック》な関係性のただ中に屹立《きつりつ》する大嘗祭。それははたしてどのような像として、私たちの前に姿をあらわすであろうか。

目次

天皇と国民をつなぐ大嘗祭

第二章　大嘗祭以前――大化前代における王権継承とその神聖性

Ⅲ 大嘗祭の基本的特徴

第七章 現代にとって大嘗祭とは何か

カバーデザイン　古村奈々＋Zapping Studio

第一章

大嘗祭はどこから来たか——大和王権の起源とニイナエのはじまり

I　王権の成立

王権の確立と前方後円墳《ぜんぽうこうえんふん》

大嘗祭《だいじょうさい》のルーツとは何か。それは日本列島の主要部をゆるやかに統一した大和《やまと》王権の成立にまで遡《さかのぼ》って検討する必要がある。

大和王権の成立をさぐる指標は、前方後円墳の登場とその普及にある。

わが国最古の王墓《おうぼ》とされるのは、奈良盆地の東南部、三輪山《みわやま》のふもと、纏向《まきむく》（今の桜井市）の地にある箸墓古墳《はしはかこふん》だ。三世紀後半の成立といわれる。ただし、前方後円墳としてもっと古いのは、同じ纏向の石塚《いしづか》古墳だ。しかし、この方は王墓とみるには規模が小さい。

前方後円墳の登場で注意をひくのは、それが成立のはじめから、はっきりとした統一性をもって現われたことだ。前方後円という独特の形態、その中の埋葬施設、鏡・剣・玉・農具などの副葬品《ふくそうひん》、そして円筒埴輪《えんとうはにわ》や葺石《ふきいし》といった外面の装飾など、各地にみられる発生期の古墳は強い画一性をもつ。

しかもそれが「西日本各地の首長《しゅちょう》墓を構成していた要素を総合したものとして出現」（白

石太一郎氏）したのは、当時すでに広い範囲の政治圏が形成されていたことを示す。

西日本各地の墓制《ぼせい》を広く吸収・総合し、新しい墓制として前方後円墳をつくりあげ、それを各地の首長たちに普及させ得るだけの力をもつ政治主体が、すでにこの段階で現われていたのだ。

その主体となる勢力は、どこに基盤をおいたのか。前方後円墳はまず、他ならぬ大和の地で、他を圧倒する巨大な規模で成立した。その後、畿内《きない》およびその周辺、瀬戸内沿岸・北九州・山陰に広まり、さらに東日本へと波及している。

これは大和において、弥生《やよい》時代までの地域性を超えた全国規模の盟主《めいしゅ》が登場していたこと、すなわち初めての本格的な王権がすでに確立していたことを意味する。

王権確立の根拠地

その大和王権の根拠地が纏向であった。これまでの発掘調査によって、この地に弥生時代末期・古墳時代前期（三世紀はじめ〜四世紀前半）の大集落のあったことが判明した。この纏向遺跡の規模の大きさは、想像をこえるものだった。集落を形成する三つの地域の広さはじつに一キロ四方におよぶ。弥生時代最大級とされる佐賀県の吉野ケ里遺跡（約二十五ヘクタール）を四倍する大きさで、ピークの三世紀後半には一・五キロ四方にまで拡大した。律令《りつりょう》時代の藤原宮《ふじわらきゅう》や平城宮《へいじょうきゅう》に匹敵する驚くべき規模である。

　また見逃せないのは、この遺跡から国内各地より運びこまれた土器が多数みつかったことだ。それは、出土した土器の十五％に達する。内訳は、東海四十九％、山陰・北陸一七％、河内《かわち》十％、吉備《きび》七％、関東五％、近江《おうみ》五％、西部瀬戸内三％、播磨《まりま》三％、紀伊《きい》一％となっていて、じつに広範な地域にわたる。とくに東日本との交流の深さは、注目すべきである。大和王権成立の背景・基盤をうかがわせる。

　『古事記《こじき》』や『日本書紀《にほんしょき》』によれば、この纒向の地には崇神《すじん》天皇の磯城瑞籬宮《しきのみずがきのみや》、垂仁《すいにん》天皇の纒向珠城宮《まきむくのたまきのみや》、景行《けいこう》天皇の纒向日代宮《まきむくのひしろのみや》など、大和朝廷初期の都宮《ときゅう》があったとされる。本格的な王権確立の根拠地と考えるのに、たしかにふさわしい土地だ。

　しかもこの遺跡では、「宮殿や神殿のように、政治的かつ祭祀《さいし》的色彩のつよい建物のうちでもきわめて高次元の〈場〉の一部」「初期ヤマト政権の権力の実体的な場である象徴的な建造物の一部」（寺沢薫氏）と考えられる特殊な建物群跡《あと》が見つかっている。纒向遺跡は大和王権の「最初の都宮」である可能性がたかい。

　だから箸墓古墳は、日本列島の盟主である大和王権の確立を象徴するものだ。全長二百八十メートル、大和で第三位、全国第十一位、初期ではずば抜けて巨大な古墳だ。

　箸墓古墳の葺石については『日本書紀』崇神天皇の巻（巻第五）に、「大坂山《おおさかやま》」（二上山《にじょうざん》）の石を運んだと書く。だが実際はほとんどが近くの初瀬川《はつせがわ》の川原石で、後円部の竪穴《たてあな》式石室の石材は西北西に約二十キロ離れた大阪府柏原《かしわら》市の芝山の玄武岩《げんぶがん》だという。

しかし『書紀』が「御肇国天皇《はつくにしらすすめらみこと》」とたたえた崇神天皇の崩御《ほうぎょ》について、『古事記』は「戊寅ノ年《つちのえとら》」（二五八年ないし三一八年）のこととする。これは三世紀後半もしくは四世紀のはじめで、箸墓古墳の成立時代とうまく合っている。

もともとは「三輪山を間近に仰ぎみる一帯がヤマト」（和田萃氏）だった。それがやがて「奈良盆地全域をさし、令制下の国名となり、最後には日本全体をあらわす」（直木孝次郎氏）ようになる。

それは、天皇を中心とする大和朝廷の発展を示すものに他ならない。しかし、成立期の大和王権がすでに日本列島東西のはば広い諸勢力を結集し得る力をもっていたことを見落してはならない。

文献ガイド①

古事記

全三巻。神代《かみよ》より推古《すいこ》天皇朝《ちょう》までの史書。漢文体・和文体を併用。天武《てんむ》天皇のご発意により、稗田阿礼《ひえだのあれ》が誦習《しょうしゅう》していた「帝記《ていき》」「旧辞《きゅうじ》」を太安万侶《おおのやすまろ》が筆録し、元明《げんめい》天皇朝の和銅《わどう》五年（七一二）に完成。本書中、「大嘗」の用例は二カ所（上巻・下巻）。「尓比那閇《にひなへ》（ニイナエ）」の用例はある（下巻）が「新嘗《にいなめ》」の語はみえない。

Ⅱ　ニイナエの原始

民俗のニイナエ

大嘗祭《だいじょうさい》は、天皇の皇位継承《こういけいしょう》にともなって行われる国家的な大祭儀である。この大嘗祭の成立については、のちに少し詳しく解明を試みたい。ここでは大嘗祭の母胎《ぼたい》となった、大化《たいか》前代《ぜんだい》のニイナエ（新穀《しんこく》を神と人が共食《きょうしょく》する神事、のちの新嘗祭《にいなめさい》の原型）について考える。

このニイナエは大和朝廷のみで行われるものでなく、広く日本の各地で行われた。いわば農耕社会としてのわが国に普遍的な祭りだったらしい。

『常陸国風土記《ひたちのくにふどき》』の「筑波《つくば》の郡《こおり》」の条に、常陸（今の茨城県）でニイナエが行われていたことをうかがわせる有名な記事がある。そのあらすじはこうだ。

昔、「神祖《みおや》の尊《みこと》」（大切な先祖の神）が神々のところを巡りゆかれて、駿河《するが》（今の静岡県）の富士山にたどりついた。夕暮になったので富士の神に一夜の宿を乞われたところ、富士の神の答えはこうだつた。「新粟《わせ》の初嘗《にいなえ》して、家内諱忌《やぬちものいみ》せり。今日の間《ほど》は、冀《ねが》はくは許し堪《あ》へじ」（今日は粟《あわ》の初物《はつもの》でニイナエをするので、家の中は物忌《ものいみ》をして外の者を近づけないことになっていて、お泊めできかねます)。

先祖の神はこれをたいそうお恨みになり、さらに(常陸の)筑波山《つくばさん》にゆかれて、そこでまた宿を乞われた。この時、筑波の神は「今夜《こよい》は新粟嘗《にいなえ》すれども、敢《あ》へて尊旨《みこと》に奉《つかえまつ》らずはあらじ」(今夜はニイナエで物忌すべき日ですが、尊い神のお言葉をお受けしないわけにはまいりません、お泊めいたします)とお答えし、飲食を供し、つつしんでおもてなしをした。そこで先祖の神は筑波の神を祝福した。

粟《あわ》のニイナエ

武田祐吉氏はこの説話について、「常陸の国の人々が、遠く雪を戴《いただ》く富士を眺め、これをわが郷土の筑波の山に比しているところに成立したものであって、郷土なる筑波の山にひいきしているのが特色である」といわれた。

たしかにひいきしている。ニイナエに大切なものいみ(斎戒《さいかい》)を守っている富士山が恨まれ、これを破った筑波山が祝福されたのだから。

しかしそれも、ニイナエが本来もっていたきびしいものいみが、しだいに切実な実感からはなれ軽視されてゆく、信仰上の変遷を背景としたものだ。ここでは、いわば〝掟破《おきて》り〟がおおっぴらに称賛されている。

それだけに私たちは、この説話が形をととのえる以前の、より古いニイナエの姿をおぼろげに思い描くこともできる（むしろ「駿河」のニイナエを通路として）。

なおこの記事ではニイナエが、「新粟の初嘗《わせにいなえ》」「新粟嘗《にいなえ》」と書かれている。この「粟《あわ》」は脱穀していない稲の実だという人が多い。これは『大漢和辞典』などにみられるように、シナでは「粟」の字で稲をふくませる用例があるからだ。しかし、脱穀していない稲の実をニイナエの神事に使うことは想像しがたい。これはやはり、文字通り畑作物《はたさくもつ》としての粟だろう。朝廷の新嘗祭でも稲とともに粟が使われている。食生活で粟を主としていたような地方の人々は、粟のニイナエを行っていたはずだ。

ニイナエをめぐる『万葉集《まんようしゅう》』の歌

『万葉集』にも二首、ニイナエに関連した歌が載っている。

鳰鳥《におどり》の葛飾早稲《かつしかわせ》を饗《にえ》すともその愛《かな》しきを外《と》に立てめやも（三四〇四番歌）

誰《たれ》そこの屋《やと》の戸押《お》そぶる新嘗《にうなみ》にわが背《せ》を遣《や》りて斎《いわ》ふこの戸を（三四七九番歌）

いずれも相聞歌《そうもんか》（恋の歌）であるところが、おもしろい。

歌の意味はいたって明瞭だ。一首目が「葛飾（地名）の早稲を神に供へ、ニイナエをするといっても、あのいとしい人を家の外に立たせておけようか」。二首目は「誰ですか、この家の戸を押してガタガタいわすのは。ニイナエに夫を外にやって、潔斎《けっさい》し忌《い》みごもっているわが家の戸を」。

一首目は「下総国《しもふさのくに》の歌」だから、千葉県の北部から茨城県の一部にかけての地方の歌ということになる。二首目はどこの国かはわからないが、やはり東歌《あずまうた》（東国《とうごく》の和歌）だ。

この二首目の歌に注目すると、果たしてニイナエは「わが背（夫）」が行っているのか、家にこもっている妻が行っているのか、よくわからないところがある。「新嘗にわが背を遣りて」をどう解釈するかがポイントだ。

「夫をニイナエを行うためにどこか（共同体内の神聖な場所）へやって」と理解すれば、妻はそのニイナエが無事終るまで、ひたすら家で忌みごもっているということになる。そうなると、その夫のニイナエは〝世帯主〟として個別的に行ったのか、共同体や一族を単位として共同的に行ったのかも問題になる。

共同的な行事と考えるのが自然だという意見もあるだろう。

そうではなくて、そもそも古くは神事《しんじ》は女性が担当したもので、清浄な屋内で来訪神を迎えたのだという見方もあるだろう。

残念ながら、ここでその是非を判定するのはむずかしい。

だから、とりあえずここでは、『常陸国風土記』にもみられたように、ニイナエにはきびしい〝ものいみ〟がともなっていたこと、そしてその行事の中心はやはり新穀をもちいるものだったことだけを、たしかめておきたい。

しかもこの二首の場合にも、その本来の厳格な忌みごもりから少し観念の上で身をはなした、ややおおらかな気配が感じられる。逆にいえば、ニイナエの伝統の〝古さ〟は、ここでも明らかだ。

また、そのバリエーションも見逃せない。地元に自生した行事だったからだ。

いずれにせよ、ニイナエがわが国の各地で、古くより行われていたことは信じてよい。

王権のニイナエと倭《やまと》の屯田《みた》

ニイナエが「古く」から行われたといっても、それが歴史的にいつごろから始められたものなのか。あるいは少くとも、いつの段階でそれが認められるのか。

『日本書紀《にほんしょき》』には大化改新《たいかのかいしん》以前のニイナエについての記事が、いくつかみられる。その最も古いものは、仁徳《にんとく》天皇（十六代）の記事だ。

（仁徳天皇四十年）是歳《このとし》、新嘗《にいなえ》の月に当りて、宴会《とよのあかり》の日を以《もち》て、酒《おおみき》を内外命婦《ひめとねたち》等に賜《たま》ふ。

仁徳天皇の時代といえば、西暦で四世紀後半から五世紀のはじめごろに当る。この頃すでに、王権のニイナエは行われていたのであろうか。

このことに関連して注意をひくのは、同じ『書紀』に、この天皇の即位前のこととして、「倭《やまと》の屯田《みた》」の記事があることだ。

というのも、律令《りつりょう》制下の新嘗祭のあり方をみると、この祭りで天皇が神に供えられ、自らも召し上がる稲と粟は、天皇直属の性格のつよい、聖別された特殊な「御田《みた》」（屯田《とんでん》・官《かん》田《でん》）のものが使われていた。

この御田は『大宝令《たいほうりょう》』では「屯田《みた》」、『養老令《ようろう》』では「官田《みた》」と書かれたが、天皇のお食事用の特別の田んぼだ。天皇がおん自ら祭りをされる新嘗祭では、必ずこの御田の新穀をもちいることになっていた。

この御田の実例としては、天平《てんぴょう》二年（七三〇）の「大倭国正税帳《やまとのくにしょうぜいちょう》」（断簡《だんかん》、『正倉院文書《しょうそういんもんじょ》』）に、十市《とおち》郡・城下《しきのしも》郡・添上《そうのかみ》郡に「屯田」のあったことが記されている。この正税帳は完全な形で残っていないから、他の郡でも屯田（御田）はあったかもしれない。

天皇のニイナエ

この御田の源流こそ、「倭《やまと》の屯田《みた》」に他ならなかった。『書紀』は倭の屯田の性格について、以下のように書いている。

伝え聞くところでは、垂仁《すいにん》天皇の時代に、太子の大足彦尊《おおたらしひこのみこと》(後の景行《けいこう》天皇)に命じて、〝倭の屯田〟を定めた。この時の天皇のお考えは「倭の屯田は、常に天下を治める天皇の所持するものであって、天皇の御子《みこ》であっても、天下を治める者でなければ、管掌《かんしょう》することはできない」というものだった。

つまり、倭の屯田は垂仁《すいにん》天皇の時代に「太子《ひつぎのみこ》」大足彦尊《おおたらしひこのみこと》に命じて定めさせたもので、「毎《つね》に御宇す帝皇《あめのしたしらすめらみこと》の屯田」、天皇に直属し皇位とともに伝えられるべき神聖なる田だ、というのである。

天皇のニイナエは、もっぱらこの倭の屯田の新穀によって行うのが、古い姿だったろう。この田が皇位にかかわる格別大切なものとされたのも、王権のニイナエの基盤となるものであったことが、その大きな理由だったにちがいない。

岸俊男氏は倭の屯田の故地を、大和国城上《しきのかみ》郡・城下郡・十市郡の郡ざかいの一帯で、後の興福寺《こうふくじ》領の出雲《いずも》庄の地に相当すると特定された。今の桜井市江包《えっつみ》・大西のあたりだ。しかも岸氏はその考証によって、『書紀』の仁徳天皇即位前紀にみえる倭の屯田の記事も、一定の根拠をもつものと判断されている。

倭の屯田の記事がみえる仁徳天皇朝に、初めてニイナエの記事があらわれているのは、なかなかおもしろい。

では、天皇のニイナエはこれより昔には遡《さかのぼ》らないだろうか。

ここで注目すべきは、先に引用した『書紀』の記事に、倭の屯田の創設を垂仁天皇朝《ちょう》としている点だ。『古事記』には次の代の景行《けいこう》天皇朝に「倭の屯家《みやけ》を定め」たことが書いてある。これらの記事は両者あいまって、頭から否定してかかることはできないだろう。

そうするとニイナエについても、仁徳天皇朝より遡ってすでに行われていた可能性を考えてみなければならない。

じつはこの点について、興味深い指摘が考古学者によってなされている。

文献ガイド②

日本書紀

『日本紀《にほんぎ》』ともいう。全三十巻。元正《げんしょう》天皇朝の養老《ようろう》四年（七二〇）、舎人《とねり》親王らによって撰進《せんしん》された。当時「系図一巻」もあったが、現存していない。神代《かみよ》より持統《じとう》天皇朝までを編年体、漢文で記載。「大嘗」の用例は三カ所（清寧《せいねい》紀・天武《てんむ》紀・持統紀）。ただし清寧紀の表記は疑う余地がある。「新嘗」の用例は十四カ所。一代中に「大嘗」「新嘗」が別記されているのは天武紀。

纒向《まきむく》遺跡とニイナエ

四世紀前半を中心とする纒向遺跡が、大和王権成立の根拠地と考えられることは、すでに述べた。年代的にも、崇神天皇・垂仁天皇・景行天皇など纒向の地に宮をおかれたと伝える天皇の時代とよく合う。

この遺跡内で「祭祀《さいし》遺跡」と考えられるものが、多数みつかっている。早くから纒向遺跡の調査をつづけてこられた石野博信氏は、これらの「遺跡」から復原できる祭祀について、次のような報告をされている。

まつりに際しては湧水点《ゆうすいてん》に達するまで穴を掘り、時にはその隣接地に建物（仮建築）を建てた。（略）推測されるまつりの内容は、稲籾《いなもみ》を脱穀《だっこく》し、炊飯《すいはん》し、盛りつけ、儀礼ののち共食する過程が考えられる。機織《はたおり》具は、これら祭事《さいじ》に際して特別に布が織られたことを示すものであろう。（『古墳文化出現期の研究』）

石野氏の復原された「まつりの内容」が正しければ、この初期大和王権の都宮《ときゅう》で行われていた祭祀こそ、ニイナエの祖型《そけい》だったと認めてよい。ニイナエはまさに、大和王権の成立時代からすでに行われていたのだ。

岸氏が確定された倭の屯田は、この纏向遺跡の西側の近接した地にあった。ニイナエの基盤となる屯田がこの地に設定されたのは、当然、天皇の都宮が纏向におかれた時期だったはずだ。

そうすると、先の『書紀』にみられた垂仁天皇朝にこれが創設されたとする伝承も、かなり史実性をもつと考えてよいことになる。

『古事記』の歌謡

また、『古事記』（雄略《ゆうりゃく》天皇の段）に次のような歌謡がある。

纏向の　日代《ひしろ》の宮《みや》は
朝日の　日照《ひで》る宮。
夕日の　日翔《がけ》る宮。
（略）
新嘗屋《にいなえや》に　生《お》ひ立《だ》てる
百足《ももだ》る　槻《つき》が枝《え》は、
上《ほ》つ枝《え》は　天《あめ》を覆《お》へり

（略）

この中の「纏向の日代の宮」というのは景行天皇の宮である。したがってこの歌は、景行天皇朝のニイナエを伝承するものだ。

これによって、遅くとも『古事記』が編まれた時代には、古く景行天皇朝にすでにニイナエが行われていたと信じられていたことがわかる。

しかも纏向の「祭祀遺跡」は、この伝承がしっかりとした史実を背景にもつものだったことを想像させる。

纏向型祭祀では「建物（仮建築）」を建てることがあったという。恐らくそれは、歌にいう「新嘗屋《にいなえや》」に当たるものだった可能性が高い。

さらに注意しておくべきは、前述のような出土物をともなう穴が、畿内では弥生時代中期にはすでに認められ、その系譜は弥生前期末にまで及ぶと考えられることだ。

つまり初期大和王権のニイナエは、すでに弥生時代から行われていた共同体のニイナエを吸収し、整備・統合する形で行われるようになったものとみなすことができる。

それは農耕儀礼のきわめて原初的なものから発し、やがて王権にあって天皇の祭りの最も大切なものとされるにいたったのである。

第二章　大嘗祭以前——大化前代における王権継承とその神聖性

I　大化前代の皇位継承儀礼

王権の力量

建設会社の大林組が以前、おもしろい報告を行っている。最新の土木工学の立場から古代の土木工法を推測して復原し、それによってわが国最大の前方後円墳である仁徳《にんとく》天皇陵《りょう》（大山《だいせん》古墳・大阪府堺市）を築くのに、どのくらいの期間・人数・費用を必要とするかを計算したのである。

それによると、この古墳の築造は、工期十五年八ヶ月、作業員数のべ六百八十万七千人（一日当りピーク時で二千人）、総工費（埴輪・石室の製作・構築費をふくむ）七百九十六億円という、仰天するような大土木事業だったらしい。

この古墳は五世紀半ば頃のものと考えられているから、その時代には、わが大和王権はかくも巨大な事業をなし得るだけの力を、すでにもっていたとしなければならない。よほど広範な政治圏と、それを十分結集し得る高度な政治中枢を前提としなければ、かかる大事業の完成は考えられない。

しかもこれ以前、四世紀末から五世紀前半にかけて、奈良の佐紀《さき》、大阪の古市《ふるいち》と百舌鳥《もず》の諸地域に巨大な古墳があいついで築造されている。これほどの王墓をつくり得た王権の力は、相当高度なものだったはずだ。

古墳分布の拡大

古墳分布の拡大は大和王権の国土統合の進展、ないし大和優位の政治連合の勢力伸張をものがたるものと考えられる。

これを単なる文化伝播《でんぱ》の一様相としたり、各地の首長《しゅちょう》層どうしの「同盟」関係のひろがりを想定する意見もあった。しかし、地方首長の墳墓が近畿中枢部に発現した前方後円墳に画一化されたことは、各地の首長が、在地の個別的な共同体や政治集団のわくを超えた、統一的な政治秩序によって位置づけられたことを示す。

しかも初期の古墳の最大規模のものが、奈良県に集中していることを考えれば、それが大和王権の動かざる優位性のもとに行われたことは、疑いない。

纏向《まきむく》の地で発現した古墳は、四世紀末までに北は宮城・山形から南は鹿児島県にいたる、広い地域に普及した。東日本でも近畿地方よりあまり遅れずに、古墳がつくられるようになったと想定されている。

しかも東日本への古墳拡大の過程で、とくに大規模な征服戦などが行われた形跡《けいせき》がないのも、注意すべき点だ。

大和王権が定式化した王墓（首長墓）が、このようにまたたくまに日本列島の東西に拡大してゆくのは、その王権の質がすでに地域性をまったく超克した、統一王権としての実体をもっていたことを明らかに示している。すくなくとも三世紀後半から四世紀はじめにかけての大和王権確立以降、各地に〝地域国家〟なるものが大和の統一王権とほぼ並列するものとしてあったとするような想像は、さしひかえるべきだろう。

朝鮮半島との交流

王権伸張の指標として対外関係に注意すれば、天理市の石上《いそのかみ》神宮に伝える七支刀《しちしとう》（国宝）の銘文《めいぶん》によって、「泰和《たいわ》四年」（三六九）に、「百済王《くだらおう》（肖古王《しょうこおう》）」（または「百済王世□《（子）》」百済王の太子仇首王《きゅうしゅおう》）が「倭王《わおう》の旨《こころざし》の為に」この刀をつくってたてまつったこと、つまり当時すでに日本と百済の間に外交関係が樹立していたことがわかる。これは『古事記』や『日本書紀』にも、それに該当する記事がある。

また、有名な「高句麗広開土王碑文《こうくりこうかいどおうひぶん》」によれば、広開土王が即位した「辛卯《かのとう》の年」（三九一）以来のこととして、「倭」が朝鮮半島に進出、新羅《しらぎ》を撃破してこれを「臣民《しんみん》」となし、強国高句麗とも角遂《かくちく》したことを記す。

この銘文は、広開土王の事蹟顕彰のためにやや誇張したところもある。だが、『三国史記《さんごくしき》』や『宋書《そうじょ》』倭国伝《わごくでん》とも整合する注目すべき史料だ。しかもここに出てくる「倭」は、先の七支刀の銘文からしても、大和王権もしくはこれを盟主とする統一国家と考えられる。

このように、四世紀ごろに国内を代表して隣国（百済）と外交関係をむすび、同世紀末には大規模な外征が行われた事実から、当時すでに、大和王権がほぼ国内の統一を果たしていたことを知ることができる。

応神《おうじん》天皇・仁徳《にんとく》天皇の時代である。

〝海の正倉院《しょうそういん》〟として知られる沖の島《おきのしま》（世界遺産）の遺跡のうち、最も古い第Ⅰ期の「岩上祭祀《がんじょうさいし》」の遺跡は、四世紀後半から五世紀のはじめとされる。しかもその「祭祀遺跡」ではおびただしい奉献品《ほうけんひん》がみつかっていて、その祭祀は大和王権が直接関与した国家的なものだったと考えられている。

これはちょうど、朝鮮半島との本格的な交渉が進展する時代である。

このような時代に、北九州・玄界灘《げんかいなだ》に浮かぶ神の島、沖の島で国家的祭祀がはじめられた。それは、国内統一にめどをつけた大和王権が、半島に深い関心をはらい、相互にしげく交流をもつようになる、時代の転換を象徴するできごとであった。

群臣による神器の献上

五世紀に入ると、ようやく『日本書紀《にほんしょき》』に当時の皇位継承《こういけいしょう》儀礼がみえるようになる。允恭《いんぎょう》天皇の即位についての記事がそれだ。

是《ここ》に、群臣《まつへきみたち》、大《おお》きに喜《よろこ》びて、即日《そのひ》に、天皇《すめらみこと》の璽符《みしるし》を捧げて、再拝《おが》みて上《たてまつ》る。……乃《すなわ》ち帝位《みかどのくらい》に即《つ》きたまふ。

『書紀』にはこの天皇の即位の経過についていろいろ書いている。だが、ここでは省略する。それよりもこの記事に、天皇の即位に、群臣《ぐんしん》が「天皇の璽符」をたてまつることが行われていたと書いてあるのが大事だ。

「天皇の璽符」というのは、もちろん『書紀』の編纂《へんさん》者が修飾した言葉だ。当時「天皇」という君主の称号はまだ使われず、国内での正式な称号は「王」だったはずだし、「璽符」というのもシナの古典から借りた言葉だ。シナには「皇帝《こうてい》の璽符《じふ》」(『史記《しき》』)や「天子《てんし》の璽符」(『漢書《かんじょ》』)といった言葉があったから、それらをもとにしてつくった言葉だろう。

だが、「天皇の璽符」という言葉が後世の造語だからといって、それに当るものが当時まったくなかったとか、『書紀』のこの部分の記事がすべて架空のデタラメだ、ということにはならない。もう少し慎重に考えてみる必要がある。
『書紀』にはこの後も、皇位継承に当って〝神器《じんぎ》〟が献上された記事がしばしば出てくる。大化改新《たいかのかいしん》以前についてみれば、清寧《せいねい》天皇（二十二代）・顕宗《けんぞう》天皇（二十三代）・継体《けいたい》天皇（二十六代）・宣化《せんか》天皇（二十八代）・推古《すいこ》天皇（三十三代）・舒明《じょめい》天皇（三十四代）などの即位の時がそれだ。

これらの天皇の即位では、いずれも何か困難な事情があった点が共通している。『書紀』はそうした特別な場合に、〝神器〟献上のことまで記した。

これは、特別な時にだけ〝神器〟献上が行われていたと考えることはできない。ある時代以降、皇位継承の際には〝神器〟献上が行われる原則となった。ただ、皇位継承にかかわって何らかの事情があった場合だけ、『書紀』は詳しくそのことを書きとどめたのである。

王権を象徴する宝器《レガリア》

もっとも、学者の中には「それらの記事は、『書紀』の編者が問題のある天皇の皇位継承の正当性を強調するために、編纂時——持統朝《じとうちょう》以後——の即位儀礼に関する知識にもとづいて作ったもの」（直木孝次郎氏）とする人がいる。

しかし、もっとも素朴に考えても、王位継承の際に、王権を象徴する宝器《レガリア》の継受を不可欠とする考えは世界的に広くみられるから、わが国の古代の場合だけを例外とする必要はないだろう。

しかも、『書紀』に書かれている大化前代《たいかぜんだい》の〃神器〃献上のあり方は、律令制下の『書紀』編纂当時のそれとは、まったく相違している。『書紀』編纂時の「即位儀礼に関する知識にもとづいて」作り出すことができる性格のものではない。

『書紀』編纂当時の「即位儀礼に関する知識」は、いうまでもなく律令《りつりょう》制下の儀式のあり方を前提とするものだ。では、その具体的な内容はどうだったか。

令に規定する〃神器〃献上の中身は、こうだ。


皇位継承の当日には、中臣《なかとみ》氏が「天神の寿詞《あまつかみのよごと》」を読み上げ、忌部《いんべ》氏が神聖な鏡と剣を献上せよ。（「養老神祇令《ようろうじんぎりょう》」践祚《せんそ》の条）

これは『養老令』の規定だが、先行の『大宝令《たいほう》』や『飛鳥浄御原令《あすかきよみはら》』にも、ほほ同様の規定があった。これと、大化前代の〃神器〃献上を比べてみる。

例えば、清寧天皇即位の場合は次のようだつた。


〔雄略天皇二十三年十月四日〕大伴室《おおとものむろや》大連《おおむらじ》、臣・連等《おみむらじたち》を率《ひき》いて、璽《みしるし》を皇太子《ひつぎのみこ》に奉《たてまつ》る。

大化前代にあって、『書紀』に即位の際の〝神器〟献上が明記されている記事をみると、神器は「天皇の璽《すめらみことみしるし》」、「天皇の璽印《みしるし》」などといろいろ表記されている。それらは、みな漢籍《かんせき》による修飾で、実体としては同一のものだろう。「天子《すめらみこと》の鏡《みかがみ》剣《みはかし》の璽符《みしるし》」（継体天皇即位）とか「剣鏡」（宣化天皇即位）とあるのが、その実体を示唆《しさ》しているだろう。

鏡と剣は前期古墳の副葬品《ふくそうひん》の代表的なものだ。はやくから王権の象徴的宝器《レガリア》とされていても、不思議ではない。

大化前代と令制下での「神器献上」

大化前代の〝神器〟献上の記事をみると、律令法に定めるものと、いくつか大きな違いがある。

まず、中臣氏の天神の寿詞の奏上《そうじょう》がまったく認められない。これらの記事が令制《りょうせい》下の即位儀礼の知識によって造作《ぞうさ》されたのなら、令に鏡剣の献上より〝先に〟規定されている「寿詞」の奏上のことも書かれてよいはずだ。しかし、その片鱗《へんりん》もみえない。

次に、〝神器〟を献上するのは、大化前代では有力な皇族や豪族だった。大伴室屋《おおとものむろや》や「皇太子」億計《おけ》、大伴金村《かなむら》など、〝神器〟を献上した具体的な人物名が書かれている場合でも、彼らはあくまで朝廷を構成する群臣の統一された意志を体して、そのことを行っているのだ。

皇位継承に際し群臣の会議が開かれ、意志の統一がはかられていたことは、継体天皇や舒明天皇の即位についての『書紀』の記事に、はっきり出てくる。その群臣会議での合意にもとづき、「皇太子」とか大臣《おおおみ》・大連《おおむらじ》といった群臣の統一意志を体し得る人物が、群臣のあつまっている場で、あたらしい天皇（王）に〝神器〟を献上する。それが、大化前代の皇位継承にあって大切な手つづきだった。

そこでは、皇統につながる複数の候補者の中から皇位継承者を決定する上で、群臣の統一意志は無視しがたいものとしてあった。

〝神器〟献上はいうならば、畿内《きない》の有力豪族からなる群臣の統一意志をふまえ、それを公式に示す行為だった。それは中央集権的な国家が形成される以前の、大化前代の氏族連合的な国家体制にふさわしい皇位継承の手つづき、といえるだろう。

これに対し令制下では、もっぱら忌部《いんべ》氏が〝神器〟を献上することとなった。忌部氏は、朝廷のまつりに伝統的に奉仕してきた氏族だ。しかしその地位は、大臣・大連といったかつて朝廷の執政官《しっせいかん》をつとめた大族《たいぞく》とは、比べものにならない。忌部氏はいっかいの神事《しんじ》をつかさどる役人として、それを奉仕するにすぎなかった。

忌部氏による〝神器〟献上には、すでに群臣の統一意志の表示といった意味は、ほとんど失われている。

したがって、同じ皇位継承にともなう〝神器〟の献上であっても、大化前代と令制下の場合とでは、その意義・あり方が大きく相違している。それは、氏族連合国家から中央集権国家への、国家体制そのものの転換に対応した変化だった。『書紀』の古い時代の記事がのちの「知識にもとづいて作ったもの」でないのは明らかだ。

高御座《たかみくら》にのぼって即位式

遅くとも五世紀以降から七世紀前半にかけて、皇位継承に際して群臣による〝神器〟の献上が行われていた。これが令制下では、忌部氏による鏡剣献上として受け継がれ、やがて剣《けん》璽《じ》渡御《とぎょ》の儀となって、ながく皇位継承上の重儀として定着することになる（現代では「剣璽等《とう》承継《しょうけい》の儀」）。この点については、のちに改めてふれるつもりだ。

大化前代の皇位継承儀礼として、もう一つ注意すべきことがある。それは、タカミクラの問題だ。

即位の式に、高御座《たかみくら》はつきものである。というより、むしろ新しい天皇が高御座にのぼられて、皇位を継承されたことを公式に宣言なされるのが即位式だ、といった方がよい。それほど、高御座は即位の儀式に不可欠なものだ。

今年（令和元年）十月の即位の式にも、普段は京都御所《ごしょ》の紫宸殿《ししんでん》に安置されている高御座がすでに東京に運ばれて、使われることになっている。

奈良時代の宣命《せんみょう》や『万葉集《まんようしゅう》』の歌、『延喜式《えんぎしき》』に収められた祝詞《のりと》などをみると、「天《あま》つ日嗣《ひつぎ》高御座」とか「天つ高御座」、「食国《おすくに》の高御座」、「高御座天《あめ》の日嗣の座《くらい》」などの表現がある。高御座は皇位の象徴であり、その端的な表示に他ならない。

タカミクラの源流

ところで、その高御座は歴史的にはいつまで遡《さかのぼ》るものなのか。『日本書紀』の雄略《ゆうりゃく》天皇（二十一代）の即位記事に、こうある。

〔安康《あんこう》天皇三年十一月十三日〕天皇《すめらみこと》、有司《つかさ》に命《みことおお》せて、壇《たかみくら》を泊瀬《はつせ》の朝倉《あさくら》に設けて、即天皇位《あまつひつぎしろしめ》す。遂《つい》に宮《みや》を定《さだ》む。

これが、即位に際して「壇《たかみくら》」が設けられたことが史料にみえる初例だ。

ここで注目すべきは、新しい天皇の即位のためにタカミクラが設けられた所に、「宮」がつくられ、「都」が定められていることだ。武烈《ぶれつ》天皇（二十五代）の即位についての記事でも同様だ。

律令国家の最初の本格的な首都というべき藤原京がつくられる以前は、御代替《みよがわ》りのたびに宮がうつされた。この歴代遷宮《れきだいせんぐう》が行われた背景については、さまざまな事情が考えられる。ただ、皇位継承儀礼との関連からいえば、即位の儀式のために適地をもとめてタカミクラが設けられ、そこにあらたな宮（都）が定められるたてまえだったため、と考えられる。いいかえれば、遷宮じたいが皇位継承儀礼だったのである。

もっとも井上光貞氏は、雄略天皇の即位記事は後の事実を投影したもので、当時の史実ではなかったという。はたしてそうか。『書紀』の天武《てんむ》天皇即位記事と比較すると、こうなる（ともに原文）。

天皇命㆓有司㆒、設㆓壇於泊瀬朝倉㆒、即天皇位。遂定㆑宮焉。〔雄略天皇〕
天皇命㆓有司㆒、設㆓壇場㆒、即㆓帝位於飛鳥浄御原宮㆒。〔天武天皇〕

井上氏は、雄略天皇即位記事は天武天皇即位記事の「表現の投影されたもの」にすぎない、と考えられた。字面《じづら》だけをみるとたしかに似ている。だが、井上氏は前者の末尾に「遂定㆑宮焉」（遂に宮を定む）とあるのを見逃されている。この一句によって、両者の実態がまったく相違したものであることは明らかだ。

つまり、雄略天皇の即位では、タカミクラを設けて即位式が行われた後に宮がつくられた。記事に「泊瀬朝倉」と出てくるのは地名にすぎない。これに対し、天武天皇の場合は、すでに造営を終えた飛鳥浄御原宮《あすかきよみはらのみや》にタカミクラが設けられ、即位式が行われたのだ。両者はまるで異なる。前者が後者の「表現の投影されたもの」などとは、とてもいえない。

しかも雄略天皇朝のころには、すでにシナの元嘉暦《げんかれき》が伝来し、帰化人《きかじん》らの手による記録もはじめられていたと考えられている。雄略天皇の即位記事は、おおすじにおいて信じてよい。そうするとタカミクラの源流も、五世紀の王権にまでは、遡ることになる。

神器の献上とタカミクラ

では、先に五世紀の王権のころから行われていたことをみた、群臣による〝神器〟の献上と、タカミクラを設けて行われる即位式との関連は、どうなっているのか。

清寧《せいねい》天皇の即位記事を、すべて引いてみよう。

〔雄略天皇二十三年十月四日〕大伴室屋大連《おおとものむろやのおおむらじ》、臣《おみ》・連等《むらじたち》を率《ひきい》て、璽《しるし》を皇太子《ひつぎのみこ》（清寧天皇）に奉《たてまつ》る。

〔清寧天皇元年正月十五日〕有司《つかさ》に命《みことおお》せて、壇場《たかみくら》を磐余《いわれ》の甕栗《みかくり》に設けて、陟天皇位《あまつひつぎしろしめ》す。遂に宮を定む。

高御座（『御即位礼画報』大正３年刊より）　現在の高御座は大正天皇の即位の時に『文安御即位調度記』などの史料により古式にのっとって新造されたもの。京都御所に安置されているが、本年11月の即位式の際に皇居に運んで用いられる。高さ約７メートル。基壇の正面東西は約６メートル。

これによってみれば、皇位継承に際しては、〝神器〟献上とタカミクラを設けての即位儀の両者が、ともに行われていたのである。

継体天皇や舒明天皇の即位記事に、〝神器〟献上とは別に「是《こ》の日に、即天皇位《あまつひつぎしろしめ》す」、「即日《そのひ》に即天皇位す」と書いているのは、タカミクラを設けての即位式が行われたことを示唆する。

とくに、顕宗天皇や推古天皇の即位については、〝神器〟献上とは別の日に即位の儀式が行われた記事がある。この即位の儀式は、タカミクラを設けてのそれだったと考えるのが、自然だ。

つまり、皇位の継承に際しては、

まず群臣による〝神器〟の献上が行われ、次で適地にタカミクラを設けて即位の儀式があり、その地に新しい宮を定めるのが、大化前代の通例の手続きだったようだ。タカミクラを設けての即位式と、新宮の造営の前後については、例外もあるが、大まかには即位式が先に行われるたてまえだったらしい。

神器継承の大切さ

ところで、大化改新《たいかのかいしん》（六四五年）が推進されたのは孝徳《こうとく》天皇朝のことだ。この天皇の皇位継承の時は、どうだったか。

まず〝神器〟の継承については、『書紀』にこうある。

〔皇極《こうぎょく》天皇四年六月十四日〕天豊財重日足姫天皇《あめとよたからいかしひたらしひめのすめらみこと》（皇極天皇《こうぎょく》）、璽綬《みしるし》を〈軽皇子《かるのみこ》―孝徳天皇に〉授けたまひて、位《みくらい》を禅《ゆず》りたまふ。

これが、わが国での譲位《じょうい》の初例である。ここでは、先帝《せんてい》（皇極天皇）がおんみずから新帝《しんてい》（孝徳天皇）に〝神器〟を授けられている。群臣による献上という通常の形と違っているのは、譲位という異例のためだ。皇位継承にともなう〝神器〟相承は、ゆるがせにされていない。

この天皇のタカミクラを設けての即位式については、やや詳しい記事がある。

壇《たかみくら》に升《のぼ》りて即《あまつひつぎしろしめ》祚す。時に、大伴長徳《おおとものながとこ》(字《あざな》は馬飼《うまかい》)連《のむらじ》、金《こがね》の靫《ゆき》を帯《お》びて、壇の右に立つ。犬上健部君《いぬかみのたけべのきみ》、金の靫を帯びて、壇の左に立つ。百官《つかさつかさ》の、臣《おみ》・連《むらじ》・国造《くにのみやつこ》・伴造《とものみやつこ》・百八十部《ももやそとものお》、羅列《つらな》りて匝《めぐ》り拝《おろが》みたてまつる。

タカミクラは、天皇がこれにのぼって臣下《しんか》の拝礼をうけられるためのものだった。右の記事は、そのことをはっきりと示している。

〝神器〟相承とタカミクラを設けての即位式。前者については、群臣による献上という通例の形と異なっているものの、孝徳天皇の皇位継承の場合も、おおすじでは五世紀以来の皇位継承儀礼が守られていた。

なお、〝神器〟献上と即位の儀式の前後関係については、両方が同日に行われる場合でも、かならず〝神器〟献上が先に行われる原則だったらしい。これは、後に剣璽渡御の儀が成立してからも、かならず剣璽渡御が先にあって、しかるのちに即位の式が行われる例であったのと、共通する。

皇位継承における〝神器〟相承の大切さを示す事実である。

Ⅱ　王権の神聖権威

氏《うじ》の名をもたない家系

わが国の皇室に姓《せい》がないのは、誰も知るところだ。皇室は、佐藤とか鈴木といった名字《みようじ》をもたない。だから「天皇」という称号をとって、（いささか曖昧な呼称ながら）〝天皇家〟といった呼び方をしたりする。

歴史をいくら遡《さかのぼ》ってみても（五世紀にシナ宋《そう》との外交の場で限定的に「倭《わ》」という仮の姓を名乗った時期を唯一の例外として）、大伴《おおとも》とか物部《もののべ》といった、氏《うじ》としての名をみつけることができない。

これはなぜか。それはおそらく、わが皇室の王権の首長の地位を世襲する家系《かけい》としての由来の古さに淵源《えんげん》するのだろう。

ごく素朴に考えても、史上の各氏族がそれぞれ独自の氏の名をもつようになる時代（五世紀以降）には、皇室はすでにそれら諸氏族と区別された、特別の地位にあったと想像できる。皇室は古くから、みずから固有の氏の名をもつことによって他の氏族らと区別する必要がない、格別の地位におられた。

そしてその後も、その地位を他の氏族によってとって替《かわ》られることがなかった。だからこそ、皇室はついに氏としての名をもたないで今日にいたった。そう考えるのが、最も自然だろう。

格別の地位とは、もちろん王権の体現者としての地位であり、その立場を世襲すべき家系としての地位である。

しかもこの問題は、もう一歩ふみこんで考える必要がある。氏族とは、単なる血縁集団ではない。豪族が所有地と部民《べみん》を支配しているひとつの政治組織が「氏族」であって、あくまで擬制的な同族集団である。

ならば、氏族が形成されてゆく背景は、どのようなものだったのか。

これについては、多くの氏族は、大和王権の拡大・発展の過程において、さまざまな形でこれに参与し、それぞれ固有の職掌を分けもつことを通じて、氏としての実質をそなえるにいたったのであろうと考えられている。

氏族の成立じたいが、王権の確立と展開を重大な契機としていたのである。氏の名とは、王権を構成する諸豪族が、おのおの他と区別するために帯びた呼称に他ならない。

とすると、王権の中枢にあって首長《しゅちょう》の地位を世襲すべき家系が、氏としての名をもたないのは、当然である。わが皇室は、各氏族が歴史に登場しはじめる古い時代から、すでに超越的な特別の家系だったのだ。

このことをよく示す事例のひとつに、継体天皇の即位をあげることができる。

継体「新王朝」説の是非

継体《けいたい》「征服王朝」説、というのがある。武烈《ぶれつ》天皇のあとをついだ継体天皇は、その正体はいっかいの地方豪族（近江《おうみ》で生まれ北陸で育ったか）であって、皇位を〃うばって〃天皇の地位についたもの、ときめつけるのだ。学界にあって、この説を支持する学者もいた。だが、そのまま信用してよいものか、どうか。

新王朝説を否定する有力な証拠がある。

和歌山県の隅田八幡神社《すだはちまんじんじゃ》に伝わる人物画像鏡《じんぶつがぞうきょう》（国宝）の銘文《めいぶん》（五〇三年）だ。この銘文には、即位前の継体天皇について「男弟王《おおど》」と記している。「王」と書かれているのは、同時代に皇統につながる人物と認識されていた事実をしめす。これを現代の学者が否定しようとしても、説得力を持ちえないだろう。

また、当時の王権を構成した有力氏族（平群《へぐり》氏・大伴氏・蘇我《そが》氏）の盛衰に視点をおくと、武烈天皇から継体天皇・安閑《あんかん》天皇・宣化《せんか》天皇にいたる間、特に王権にとって重大な変動があったことは、うかがえない。

大伴金村《おおとものかなむら》が仁賢《にんけん》天皇から欽明《きんめい》天皇にいたる五代の御代《みよ》にわたって、ずっと政権トップの大連《おおむらじ》の地位をたもっているのは、その端的なあらわれだ。地方出身の天皇が即位されたことは、むしろ大和王権につながる地域的ネットワークの広さを示すものに他ならない。

継体「新王朝」説は、信ずるに足らない。

皇系の超越性

継体天皇即位当時、抜群の実力をもつ大族《たいぞく》に、大伴氏があった。もし「新王朝」を樹立できる勢力をその頃のわが国に求めるならば、筆頭はこの大伴氏かもしれない。

しかし、武烈天皇があとつぎのないまま崩御《ほうぎょ》され、「継嗣《みつぎ》絶《た》ゆべし」（『書紀』）という危機にたちいたった時、大伴金村《かなむら》はみずから皇位をねらうのでなくして、群臣《ぐんしん》とはかって、けんめいに皇位をつぐべき皇系をさがしている。そしてついに適任者を北陸の地にみつけたのである。

都からはるかに遠い片田舎におられ、しかも応神《おうじん》天皇の「五世《せい》の孫」という、令《りょう》の制度では皇族にやっと入るか入らないかという、これまた遠い血縁である。しかし、物部氏（大連《おおむらじ》）、許勢《こせ》氏（大臣《おおおみ》）らの大族も一致して、「皇系の中から十分選んでみると、天皇（王）たるべきお方は、ただ男大迹王《おおどのおおきみ》おひとりだ」と決したのである。

ここでは皇位継承者の決定に、群臣の統一意志が重大な意義をもっていることを見逃してはならない。このことは、この時だけでなく、この前後の皇統の危機の際にもみられる。氏族連合国家の段階における皇位継承にかかわる皇室じしんの〝主体性〟は、ある程度わり引いて考えるべきだろう。

しかし、より重要な点は、そうであるにもかかわらず、皇位継承候補者があくまで皇系の中から求められていることだ。じつはこれ以前、清寧《せいねい》天皇にも皇子《みこ》がなく、その崩御ののち皇統の危機に直面している。この時も播磨《はりま》で皇系の皇位継承者を見出した（顕宗《けんぞう》天皇・仁賢天皇）。

しかも、継体天皇の場合は、天皇からの血縁が「五世」と遠いので、先帝の姉だった手白《たしら》香皇女《かのひめひこ》と結婚し、「入りムコ」として即位している。〝女系〟によって皇統の権威を補強する必要があったのだ。

このような皇統の危機にも、皇室にとって替わる豪族がおこって、「新王朝」をたてるようなことはなかった。これはなぜだろうか。

現代流の政治力学から類推すれば、さしあたり豪族どうし相互の勢力が牽制《けんせい》しあって、王権を構成する氏族のひとつが超越的な地位につくのをさまたげた、という事情が考えられる。

しかし、このような力学が作用して、みたような結果をもたらすためには、あらかじめその超越的な地位につくべき家系が、古くからの由緒なり宗教的権威なりによって、文句のない形できまっている必要がある。

そうでなければ、王権の首長となる氏族はその時々の豪族間の勢力関係によってきめられたはずだ。継体天皇の即位のようなケースは、天皇からの血縁が遠いだけに、よけい考えられない。

これによって、おそくとも五世紀にはすでに、王権の中枢に位置する、皇位を世襲すべき超越的な家系が成立していたのを、認めることができる。

しかも、大和王権が三世紀の中ごろに纏向《まきむく》の地に確立して以来、代々の都宮《ときゅう》がほぼ一定していた事実は大切だ。

皇室の由来の古さ

王権成立から世襲王権の姿を史料的にはっきりたしかめられる五世紀までの間、王権およびそれを支える勢力に、交替《こうたい》や断絶は認められない。よって、家系ないし皇位世襲の意識がいつ生まれたかは今のところ断定できないものの、それが明らかになったはじめから、皇位はもっぱら皇系たるわが皇室の先祖によって世襲されていた、と考えられる。

だからこそ、王権を構成する諸豪族（群臣）は、皇位継承者の決定に対して大きな発言力はもつことができても、みずから皇位につくようなことは、あり得なかったのだ。

皇室の王権の首長位（皇位）を世襲する家系としての由来は、まさに世襲王権のはじまりとともに古いというべきである。

かかる事実は、他国の王権にたえて類例をみない。

『宋史《そうし》』には、わが国の皇統一系の事実を知った、シナのある皇帝《こうてい》の嘆声《たんせい》を記《しる》している。

（宋の皇帝）太宗《たいそう》は、奝然《ちょうねん》（平安時代の東大寺《とうだいじ》の学僧）を招いて、……その（＝日本の）国王は一つの家系で継承され、臣下もみな官職を世襲していることを聞き、歎息《たんそく》していうには「日本は遅れた島国にすぎない。それなのに代々の皇位ははるかにひさしく、その臣も地位をうけついで絶えない。これは思うに、古《いにしえ》の理想の道である。……」と。

日本の僧・奝然の報告によって、わが国の皇統史のおおすじを知った、宋の二代皇帝・太宗の、驚きと羨望《せんぼう》の言葉だ。

「天皇」の成立はいつか

五世紀の王権の首長は「天皇」でなく、シナ皇帝より下位の「王」と呼ばれていた。その称号が「天皇」にあらためられたのは、重大な変更だ。

「天皇」号が成立し、定着したことの意味は何か。天皇の歴史や、わが国の国家形成のあゆみを考える上で、この問題は見逃せない。

「天皇」号成立の時期については、津田左右吉《つだそうきち》氏が「天皇考」を発表して以来、推古《すいこ》天皇朝という見方がしばらく定説となっていた。

その後、史料批判がすすむ中で、確実な史料で「天皇」の語がみえるのは持統《じとう》天皇朝（在位六八八年～六九七年）以降だから、「天皇」号はこの天皇の時代につくられた『飛鳥浄御原令《あすかきよみはらりょう》』（六八九年）に規定されたのがはじまりだ、とする考えが有力になった。

ところが新しい木簡《もっかん》の発見によって、天武天皇六年（六七七）ごろには「天皇」の称号がすでにあったことがわかった（飛鳥池遺跡《あすかいけ》出土「天皇」木簡）。

さらに、持統天皇朝まで製作年代が引き下げられていた『天寿国繡帳《てんじゅこくしゅうちょう》』の銘文も、推古天皇朝（在位五九二年～六二八年）末のものと考えてさしつかえない、とするような意見もだされてきた。

『天寿国繡帳』銘文には、「天皇」の語が使われているから、もしこれがそこまで遡るなら、「天皇」号の成立はやはり推古天皇朝ごろ（七世紀はじめ）ということになる。

「天皇」号は独立自尊の表示

推古天皇朝では、対外的には「天子《てんし》」の称号が使われている。すなわちシナの史書、『隋《ずい》書《しょ》』にこうある。

大業《たいぎょう》三年（推古天皇十五年〈六〇七年〉）、その王多利思比孤《たりしひこ》、使《つかい》を遣《つか》わして朝貢《ちょうこう》す。……その国書《こくしょ》にいはく、「日出《ひい》づる処《ところ》の天子、書を日没する処の天子に致《いた》す。恙《つつが》なきや、云々《うんぬん》」と。

隋の煬帝《ようだい》がこの日本からの外交文書をみて、「無礼なる者あり」と怒ったのは、有名な話だ。ここでは、シナの君主の称号と対等の「天子」が使われている。

以前、シナ王朝と外交関係をもっていた〝倭の五王〟時代の「王」というのは「皇帝」や「天子」より下位の称号で、朝鮮半島の国々も常に「王」を称した。だから煬帝が腹をたてたのも無理はない。

その一方で、わが国が「天子」号を採用したのは、注目すべきことだ。

それは、外交的には「なんとも危険な綱渡り」（坂元義種氏）だったかもしれない。

だがそれは、わが王権が成熟した、おのずからな帰結ともいえるだろう。

『日本書紀《にほんしょき》』では、翌年の推古天皇十六年（六〇八年）に遣隋使《けんずいし》が持参した外交文書には、

東の天皇《やまとすめらみこと》、敬《つつし》みて西の皇帝《もろこしきみ》に白《もう》す。

とあったという。

『書紀』の記事の用字は、そのまま信じてよいかどうかという問題がある。先の『天寿国繡帳』の史料性が証明されれば、ここもそのままうけとることができる。

この時代、わが国はすでにシナ皇帝を頂点とする国際秩序である冊封《さくほう》体制からはなれ、独立自尊をめざす外交姿勢を採用していた。だから「王」という称号を使いつづけるつもりはなかったはずだ。

一方、煬帝をおこらせた「天子」号を、次の使いの時にもそのまま使ったとは考えられない。その点で、ここに「天皇」とみえるのは興味ぶかい。「天子」という同一の称号を避け、上下はないが「天皇」と「皇帝」を使い分けている。

「天皇」号成立の背景を考える場合、対外関係を見逃せない。

そうすると、推古天皇朝のシナに対する〝自立〟の姿勢は軽視できない。

ちなみに、『隋書』に「新羅《しらぎ》・百済《くだら》、皆《みな》倭を以て大国にして珍物《ちんぶつ》多しとなし、並びにこれを敬仰《けいぎょう》し、……」とみえているのは、このころ両国がわが国より、外交上は下位の立場にあっ

た事実を示す。

アメタリシヒコの称号

ところで、推古天皇朝のころにはすでに、天皇は「天上に由来する尊貴な特別のお方」と仰がれていた。これも『隋書』からわかる。

　開皇《かいこう》二十年（推古天皇八年〈六〇〇年〉）、倭王あり、姓《せい》は阿毎《あめ》、字《あざな》は多利思比孤《たりしひこ》、阿輩《おお》鶏弥《きみ》と号す。

ここに「姓は……」、「字は……」というのは、シナ側の誤解だ。いうまでもなく「アメタリシヒコ」と、ひとつづきに読むのがわが国の君主の和風の称号だった。

アメタリシヒコとは〝天上に由来する尊貴な男性〟というほどの意味だろうか。シナではこれを、「天児《てんじ》」と理解していたようだ（『通典《つてん》』・『翰苑《かんえん》』）。

この称号は『古事記《こじき》』『日本書紀』にみられる、皇室の始祖《しそ》が天上（高天《たかま》の原《はら》）から地上におりてこられた、とする神話の構想と一致する。わが国の原初に「天孫《てんそん》」の降臨《こうりん》を考える構想は、古い祝詞《のりと》にもみられる。また、大伴家持《やかもち》の歌や、忌部《いんべ》氏の伝承をのせる『古語拾遺《こごしゅうい》』、物部《もののべ》氏の伝承による『先代旧事本紀《せんだいくじほんぎ》』でも、国初観の骨格は同じだ。

わが国の建国のはじめ、天から降った神を語る神話は六世紀以前に遡る（『日本書紀』欽明《きんめい》天皇十六年二月条）。

皇室は、天上の秩序の中心でいらっしゃる天照大神《あまてらすおおみかみ》の末裔《まつえい》で、国がはじまる〝以前〟からの古く尊い特別の家系である、というのが上古の諸氏族に共通した信念だった。

「天皇」号の宗教性

「天皇」という称号は、むろんシナの古典に由来する。

『春秋緯《しゅんじゅうい》』に「天皇大帝は北辰星《ほくしんせい》（北極星）なり」とあるのが、はやい用例らしい。のちに唐《とう》の高宗《こうそう》が個人的な尊称として名乗った時期もあった。

津田左右吉氏が、この言葉がシナの占星術《せんせいじゅつ》や道教《どうきょう》などの思想において、いかなる意味をもつかを詮索《せんさく》した末に、これはおもに「宗教的性質」の語であって、「それに比喩《ひゆ》的又《また》は付随《ふずい》的意味に於《お》いて君主という観念が伴っている」とされたのは、大切な指摘だ。

「王」の称号は、なんといっても政治的なものだ。〝王〟とは「国土を統《す》べ、臣民《しんみん》を治める元首」（『大漢和辞典』）であって、宗教的な要素はなんらふくまない。

これに対して「天皇」は、〝アメタリシヒコ〟と共通する、天上に由来する皇室の神聖性をふまえた称号ということができる。

『養老令《ようろうりょう》』をみると、わが国の律令法《りつりょうほう》では、「天皇」の他にも、「天子」・「皇帝」・「陛下《へいか》」・「至尊《しそん》」などの称号が、たてまえとして採用されていたことがわかる。

しかし実際上、おもに使われたのは「天皇」号で、君主の印（内印）はもっぱら「天皇御《ぎょ》璽《じ》」が使われている。

また、一般に天皇のことを申し上げる時は、「天皇」以下のどの称号にもとらわれず、ただ〝スメミマノミコト〟とか〝スメラミコト〟と唱えた（『令集解《りょうのしゅうげ》』）。

スメミマノミコトとは「皇御孫命《すめみまのみこと》」であって、皇祖《こうそ》天照大神《あまてらすおおみかみ》の血統であることを端的に意味する。

スメラミコトについては、「統ぶる」みこと＝統治者、といった理解は国語学の方面から否定された。〝スメラ〟はむしろ「澄む」という形容詞から派生した、「濁りなき高貴さの属性」に力点をおいた尊称で、「政治的・宗教的に聖別された状態」を意味するという（西郷信綱氏）。

いずれも、単に政治的な君主や権力者を含意する言葉ではない。

スメミマノミコトは、天皇の〝天上秩序の継承者〟としての超越的な由来にもとづく。

スメラミコトは、その由来によって天皇が保持する神聖性をたたえた称であろう。

「王」号が「天皇」号へとあらためられるにいたった事情については、何よりも先に取り上げた対外関係について配慮しなければならない。シナへの外交上の従属にピリオドを打つ意味が大きかったからだ。

だが一方で、それが王権じたいの内的な構造と密接にかかわるものであることを忘れてはならない。この称号はこんにちまで定着しているのだから、なおさら内的要因に注意する必要があろう。

現在われわれが知りうる最も初期の宗教は、王の神性に対する信仰である。私は、これが必ずしも最も始源の信仰であると言うつもりはない。しかしながら、初期の記録をみると、人は神々と、その地上での代理である王を崇拝《すうはい》していたように思える。現在の知識では、神々への崇拝が王への崇拝に先行していたと主張することはできない。多分どんな王も神なしでは、またどんな神も王なしでは、存在しなかったであろう。（ホカート『王権』）

わが国にあって、皇室は事実として世襲王権成立以来の、皇位を継承すべく〝聖別〟された家系であった。

第三章 大嘗祭はいつ成立したか——古代国家確立の指標

Ⅰ　大化前代に大嘗祭はあったか

清寧《せいねい》天皇「大嘗」記事への疑問

私らはこれまでの章で、大嘗祭の母胎《ぼたい》となったニイナエの起原が、はるかに遠く大和《やまと》王権の発祥にまで遡《さかのぼ》ることをたしかめ得た。また、大化前代《たいかぜんだい》における皇位継承《こういけいしょう》儀礼の姿も、おぼろげにながめることができた。

だが、そこでは大嘗祭そのものとはまだ出会っていない。大嘗祭はいつ成立したのか。その成立は、どのような意味をもつのか。そもそも大嘗祭とは、どんなものなのか。

さしあたり、大化前代に大嘗祭はすでに行われていたのか否《いな》かについて検討しよう。まず、大化前代の大嘗祭の手がかりを求めて、『記』『紀』を中心に史料をさぐってみる。するると、ほとんど確実な証拠がないことに気がつく。

大化改新《たいかのかいしん》以前、大嘗祭が行われていたことをうかがわせるに足る史料は、皆無に近い。わずかに、『日本書紀《にほんしょき》』の清寧《せいねい》天皇二年十一月の条に、こうある。

冬十一月に、大嘗供奉《おおにえたてまつ》る料《しろ》に依《よ》りて、播磨国《はりまのくに》に遣《つか》わせる司《みこともち》、山部連《やまべのむらじ》の先祖《とおつおや》伊予来目《いよくめ》部《べの》小楯《おだて》、赤石郡《あかしのこおり》の縮見屯倉首《しじみのみやけのおびと》忍海部造《おしぬべのみやつこ》細目《ほそめ》が新室《にいむろ》にして、市辺押磐皇子《いちのべのおしわのみこ》の子《みこ》億計《おけ》・弘計《をけ》を見《みい》でつ。

つまり、清寧天皇二年十一月に、「大嘗供奉《おおにえたてまつ》る料《しろ》」を求めて播磨につかわされた使者が、たまたまそこで市辺押磐皇子のお子さまの億計《おけ》王（仁賢《にんけん》天皇）と弘計《をけ》王（顕宗《けんぞう》天皇）をみつけだした、というのだ。

ここにたしかに、「大嘗供奉る料」とある。

しかも、大嘗祭では必ず悠紀《ゆき》・主基《すき》ふたつの地方を選んで、両地方に奉仕させるのが原則だ。のちの例をみると、播磨はしばしば悠紀や主基に選ばれている。これは清寧天皇の大嘗祭のために、悠紀か主基かに選ばれた播磨に使者が派遣された記事だろうか。

とくにこの記事は、二人の皇位継承者の発見を主眼としたもので、ことさら大嘗祭のことを記したものではないだけに、かえって信頼性は高い——と考えてよいだろうか。

「新嘗」を「大嘗」と書き改めたのか

残念だが、この記事はこの時に大嘗祭が行われたことを示す確実な証拠とはいえない。

なぜか。

まず、この記事の中の、肝心の「大嘗」の用字が、はなはだ疑わしい。

同じ『書紀』の「顕宗天皇即位前紀《ぜんき》」には同じ事件のことが書かれているが、そこではこうなっている。

白髪天皇《しらかのすめらみこと》（清寧天皇）の二年の冬十一月に、播磨国司山部連の先祖伊予来目部小楯、赤石郡にして、親《みずか》ら新嘗《にいなえ》の供物《たてまつりもの》を弁《そな》ふ。一《ある》に云《い》はく、郡県《こおりあがた》を巡り行きて、田租《たちから》を収斂《おさ》むといふ。

つまり、「大嘗」ではなく「新嘗」になっているのだ。

この点については、「むかしは大嘗ともいひ又《また》新嘗ともいひて、さして差別も見えず」（荷《か》田在満《だのありまろ》）とか、「後世には、践祚《せんそノ》大嘗を大嘗と云《いヒ》、毎年の新嘗と分《ケ》て云《へ》ども、古は通《ヘ》し云《カヨハ》て同《いい》事《ジ》なり」（本居宣長《もとおりのりなが》）といった江戸時代の考え方が、いまだに思わぬ影響力をもっていて、混乱をもたらしている。

私は在満や宣長の学問から深く恩恵をうけているものだが、この一点については、はやく是正されねばならないと痛感している。

田中卓氏は史料批判の常道にたって、「同時代に同じ対象を別の名称で呼んだといふことは考へにくい」とされ、これよりのちの御代《みよ》はじめにも「新嘗」しかみえておらず（用明《ようめい》天皇・

皇極《こうぎょく》天皇）、「〝大嘗〟の確実な初見が天武《てんむ》天皇二年」（六七三年）のことゆえ、もとの古記録には〝新嘗〟と書かれていたのを、『書紀』編纂《へんさん》（七二〇年完成）の時に〝大嘗〟と「書き改めた」のだろう、とされた。

これに加えて、私は先の記事の「大嘗」をふくむ「依二大嘗供奉之料一、遣於」（原文）の九文字が、『書紀』ほんらいの本文にもとからあったものかどうか、その点も問題にする余地があると思う。

というのは、南北朝時代の書写といわれる北野本《きたのぼん》『日本書紀』（第三類）には、この九字がないのである。なくて読み下すのに、まったくこまらない。むしろ文脈はその方が自然だ。

九字がなかったのは、北野本だけではない。伴信友《ばんのぶとも》の校訂本《こうていぼん》をみると、「古本《こほん》」などにも、右の九字がなかったことがわかる。その他、卜部兼右《うらべかねみぎ》校訂本、内閣文庫本などにも、九字を欠いた写本があったことを傍書している。

だから、丸山林平氏の『定本日本書紀』などは、この九字は「きわめて疑わしい」として、本文から削除してしまっている。

そこまできめつけることができるかどうかはともかく、本文として疑う余地があることは否定できない。

遅すぎる使者の派遣

以上は最も基礎となる疑義だ。さらにこの記事で「十一月」に使者を派遣したことになっているのもおかしい。遅すぎる。

大嘗祭や新嘗祭が行われるのは、もちろん十一月だ。だが、十一月のお祭りに必要なものを得るための使者が、同じ十一月に遣《つか》わされたのではこまる。

大嘗祭に際して朝廷から悠紀・主基の両地方に遣わされる使者（抜穂使《ぬきほのつかい》）は、のちの例では八月上旬に出発して、九月下旬には都に帰ってくるのが原則だ。その他の諸地方に遣わされる使いでも八月上旬、もしくは九月上旬に出発している。

時代差を考慮しても、くい違いすぎだ。

また、『書紀』の「顕宗天皇即位前紀」にもう一度注意してみると、記事の末尾に「一《ある》に云はく……」と、まったく別のつたえを注記している。そうなると、「新嘗」の方もそのまま信じてよいのかどうか。

しかもさらに、『古事記《こじき》』と『播磨国風土記《はりまのくにふどき》』にも同じ事件をめぐる記事があるものの、両書とも大嘗祭や新嘗祭とのかかわりがまるででてこない。

こうみてくると、この記事をもって大化以前に大嘗祭が行われた確実な証拠とすることはとてもできない。

『書紀』の清寧天皇「大嘗」記事が信用できないとなると、大化前代に大嘗祭が行われたことを示す史料は、いよいよないことになる。が、「いや、まだ他にあるではないか」という人がいるかもしれない。

『古事記』の履中《りちゅう》天皇の段に、「大嘗」の記事がみえているからだ。そこで次に、これについて検討しておく。

大化前代〝大嘗〟史料は信じられるか

たしかに『古事記』履中天皇の段に、こうある。

本《もと》、（履中天皇）難波《なにわ》の宮《みや》に坐《いま》しし時、大嘗《おおにえ》に坐して豊《とよ》の明《あかり》したまひし時に、大御酒《おおみき》にうらげて大御寝《おおみね》ましき。

これを信じてよければ、第十七代・履中天皇の時代には、すでに大嘗祭が行われていたことになる。じつに、五世紀のはじめころの時代だ。

しかし、『古事記』に使われている「大嘗」の語は、そのままのちの皇位継承儀礼としての大嘗祭と決めてかかることはできない。

というのは、同書の天石屋《あめのいわや》神話にも、

（速須佐之男の命《はやすさのおのみこと》）勝《かち》さびに天照大御神《あまてらすおおみかみ》の営田《つくだ》のあを離《はな》ち、その溝《みぞ》を埋《う》み、また、その大嘗聞《き》こしめす殿《との》に屎《くそ》まり散らしき。

と、「大嘗」がみえる。だが、これは『書紀』の同じ神話にある「新嘗」に他ならない。『古事記』の「大嘗」という語のつかい方は、『書紀』と同じではない。むしろ『大宝令《たいほうりょう》』や『養老令《ようろう》』と共通しているようだ。

のちにもふれるが、『大宝令』や『養老令』では「大嘗」の語で毎年の新嘗祭《にいなめさい》もあらわす。律令の施行細則法の『弘仁式《こうにんしき》』でもそうだ。『延喜《えんぎ》式』にも、一部に同じ用法がのこっている。これは大嘗祭と新嘗祭を〝理念上〟同一視する独自の見方による。いわば、律令国家の独特な用法だ。

『古事記』もそれと同じ、「大嘗」の一語で新嘗祭にも通用させる用法だったようだ。『古事記』に「新嘗」の語が一度もでてこないのは、そのためだろう。

そうすると、履中天皇の「大嘗」は、新嘗祭（ニイナエ）だった可能性が大いにある。

しかも『書紀』をみると、これに該当する記事はあるものの、そこでは大嘗祭にも新嘗祭にも関係ないこととされている。だから、その史実性じたい十分信じ得るものではない。

大化前代の大嘗祭を証明する史料はない

こうして、大化前代に大嘗祭が行われていたことを示すたしかな史料はないことになる。ところが今まで、大嘗祭が大化前代にはすでに成立していたと信じる人がすくなくなかった。

その理由のひとつは、例の「古くは大嘗のことを新嘗といい、新嘗のことも大嘗とかかれて、その間の区別は、はっきりしなかった」（吉野裕子氏）という、江戸時代以来の固定観念がわざわいしている。

『書紀』の用明《ようめい》天皇二年（五八七年）や皇極《こうぎょく》天皇元年（六四二年）に「新嘗」がみえている。これらが〝即位後はじめて〟のものだというだけの理由で、いずれも皇位継承儀礼としての大嘗祭だろうと考えられてきたのだ。

しかし、第三十一代・用明天皇の「新嘗」については、

〔同天皇二年四月二日〕磐余《いわれ》の河上《かわかみ》に御新嘗《にいなえきこしめ》す。

とあるだけだ。これだけの記事から、これを大嘗祭だったといいはるのは無理だ。

その上これは、ニイナエが「四月」に行われた異例の記事である。

前年五月に事件がおきている。なので、その影響で延期になったのかもしれない。だが、もしこれが一世一度の大嘗祭ならば、こんな奇妙な時期に行われることはないだろう。『書紀』に書かれている通り、恒例の「新嘗」が新穀の時期とずれて行われた例と理解するのが素直だ。

第三十五代・皇極天皇の「新嘗」にいたっては、こうある。

〔皇極天皇元年十一月十六日〕天皇新嘗御《にいなえきこしめ》す。是の日に、皇子《みこ》・大臣《おおおみ》、各《おのおの》自《みずから》新嘗《にいなえ》す。

これを、大嘗祭が行われたことを示すものと理解した人がいるのは、不可解だ。

この記事が大嘗祭を意味するものでないことは明らかだ。

たしかにこれは、即位の年の記事にちがいない。

しかし、天皇がおんみずから「新嘗」をなさった日に、皇子や大臣たちもそれぞれ「新嘗」を行った、というのだ。

もしこの日、皇位継承儀礼としての大嘗祭が行われていたら、当然、皇子や大臣もみなその祭儀に奉仕し、参列しなければならない。したがって、とても「各自」のニイナエなどはできなかっただろう。

この記事はむしろ、大化改新直前の皇極天皇朝にいたっても、いまだに大嘗祭が成立していなかったことを示すよい証拠になる。

なぜなら、当時もし大嘗祭が成立していたなら、必ずやこの皇極天皇「元年」の十一月に、それが朝廷をあげて壮重《そうちょう》に行われたはずだ。それなのに、朝廷こぞっての祭儀は行われていない。

それどころか、天皇および皇子・大臣らがそれぞれ別々に「新嘗」したにすぎなかった事実を、明確に伝えているからだ。

大化前代の大嘗祭を証明する史料がないことは、すでに述べた。

それに加えて、皇極天皇の「新嘗」記事は、大化改新直前の同天皇朝にいたっても、なお大嘗祭が成立していなかった事実を明示しているのである。

大嘗祭が、皇位継承にともなう国家の重い儀式として、歴史にその姿をあらわすのは、まだしばらくのちのことである。

Ⅱ　天智天皇朝までに大嘗祭は成立したか

大化改新の時代

私は、大化前代《たいかぜんだい》には大嘗祭はまだ行われていなかった、と結論する。

では、大化の新政がおしすすめられた孝徳《こうとく》天皇朝《ちょう》で大嘗祭は成立したのか。あるいは斉明《さいめい》天皇朝、天智《てんじ》天皇朝ではどうだろうか。

ここでは、大化改新《たいかのかいしん》から壬申《じんしん》の乱まで（六四五年〜六七二年）の時代にしぼって、大嘗祭成立の可能性を吟味しよう。

まず、第三十六代・孝徳天皇朝（在位六四五年〜六五四年）の場合から――。

孝徳天皇朝は、いうまでもなく大化改新の時代。中央統治組織の拡充、地方行政の整備、豪族が私的・個別的に支配する部民《べみん》の公民への転換など、国家制度上の多方面にわたる改革が提起され、こころみられた。

よって、大嘗祭の成立という皇位継承儀礼をめぐる大きな改革が、この時代に行われたのではないかと考えることには、それなりの理由がある。

ただし、忘れてはならないことがある。大嘗祭にかぎらず、「皇位継承」にかんする儀式や行事については、改革や新制の樹立を行われた天皇が、みずからの皇位継承においてその儀式や行事をとり行われることは、原則としてないということだ。ないというより、すでに即位され、皇位継承にともなう儀礼をとげられた天皇でいらっしゃるわけだから、もはやできない（する必要がない）ということである。当たり前の話だ。

この点を念頭におきつつ、検討する。

「神に供《たてまつ》る幣」は大嘗祭とは無関係の記事

『日本書紀《にほんしょき》』の大化元年七月十四日の条に、こうある。

蘇我石川麻呂大臣《そがのいしかわまろのおおおみ》、奏《もう》して曰《もう》さく、「先《ま》づ以《も》ちて神祇《あまつかみくにつかみ》を祭《いわ》ひ鎮《しず》めて、然《しこう》して後《のち》に政事《まつりごと》を議《はか》るべし」とまうす。是《こ》の日に、倭漢直比羅夫《やまとのあやのあたいひらぶ》を尾張国《おわりのくに》に、忌部首子麻呂《いんべのおびとこまろ》を美濃国《みののくに》に遣《つかわ》して、神に供《たてまつ》る幣《まいない》を課《おお》す。

ここにある「神に供る幣」について、河村秀根《かわむらひでね》（江戸中・後期の国学者）らの『書紀集解《しっかい》』は「けだし大嘗祭の神幣《しんぺい》なり」、つまり孝徳天皇の大嘗祭のための神への供え物であろうと推測した。近年の『日本書紀』の注釈書なども、これを一説として採用している。尾張・美濃を大嘗祭の悠紀《ゆき》・主基《すき》両地方に該当すると判断されたのであろう。

しかしこの前日、孝徳天皇より左大臣・右大臣にご下問があった。御代《みよ》のはじめにあたり、「悦《よろこぶるこころ》を以《も》ちて民《おおみたから》を使《つか》ふ路《みち》」を問われたのである。このご下問への、右大臣蘇我石川麻呂の奉答《ほうとう》が先の言葉に他ならない。

しかも「是の日に、……神に供る幣を課す」というのは、その石川麻呂の奏言・献策によって行われた、臨時・具体の措置である。

したがってこれは、孝徳天皇が「悦を以ちて民を使ふ路」を行われるにあたっての第一着手というべきものであって、大嘗祭とは無関係だ。

もっとも、石川麻呂の奏言を「天皇が即位されて大政《たいせい》をとられるにあたり、まず大嘗祭によって〝神祇を祭い鎮めて〟しかるのちに万般の政務を群臣に審議させられるがよい」という意味にとれば、大嘗祭説がなりたつ余地はある。しかし、それは無理な臆測《おくそく》だ。

使者の派遣が「七月」というのも、稲の収穫に早すぎる。

この記事を、大嘗祭にかかわるものとみることはできない。

孝徳天皇朝の場合

次に、大化二年三月十九日の詔《みことのり》の中に、左のような一節がある。

始めて新《にい》しき宮《みや》に処《お》りて、将《まさ》に諸《もろもろ》の神に幣《みてぐら》をたてまつらむとおもふこと、今歳《ことし》に属《あた》れり。


これを孝徳天皇の「即位大嘗祭か」とする見解がある。

しかし、ただ「将《まさ》に諸《もろもろ》の神に幣《みてぐら》をたてまつらむ……」とあるだけの記事を、ただちに大嘗祭とむすびつけるのは唐突《とうとつ》だ。「遷都《せんと》によれる奉幣《ほうべい》か、（略）臨時の奉幣なるべし」（佐伯有義氏）と考えるのが素直だろう（奉幣というのは、神や祖霊に幣帛《へいはく》をたてまつることで、神宮・神社・御陵《ごりょう》などに朝廷から使いが遣わされる）。

しかも、この詔の中で、この一節をふくむ前後の部分については、ほとんど『書紀』の編者の「創作になる部分」として、その信憑性をつよく否定する見方がある（篠川賢氏）。この記事じたいをあまり信用してかかることはできない。

さらに「今歳《ことし》に属《あた》れり」といいながら、『書紀』のこの年の記事には、諸般の改制については比較的豊富な記事をのせながら、大嘗祭を行った形跡《けいせき》がまるでない。

『書紀』はこの天皇について、

仏法《ほとけのみのり》を尊《とうと》び、神道《かみのみち》を軽《あなず》りたまふ。

と記《しる》す。「神道」（日本の民族宗教）を軽視されたというのだ。

げんに大化三年（六四七年）には、十月に天皇が左右大臣をつれて有間《ありま》温泉におでましになり、そのまま年末まで当地におとどまりになっている。この様子では、この年のニイナエは行われなかったのではないか。

これ以前、舒明《じょめい》天皇の時にも、温泉におでましになってニイナエが翌年の正月になった例がある。だが、孝徳天皇の場合は、延期になったニイナエがきちんと行われたことを示す記事をみない。

こうしたこととあわせ考えて、孝徳天皇朝に大嘗祭が成立したとは思えない。

斉明天皇朝の場合

第三十七代・斉明天皇（在位六五五年〜六六一年）の場合も皇位継承にともなって大嘗祭が行われた形跡《けいせき》はない。

この天皇の御代《みよ》では、有名な有間皇子《ありまのみこ》の悲劇的な事件がおきている。『万葉集《まんようしゅう》』に収められた、この皇子の歌をご存じの方も多かろう。

磐代《いわしろ》の　浜松《はままつ》が枝《え》を　引き結び

真幸《まさき》くあらば　またかへり見む

家にあれば　笥《け》に盛《も》る飯《いい》を　草枕《くさまくら》

旅にしあれば　椎《しい》の葉に盛る

皇子がその「浜松が枝」をふたたびご覧になることは、なかった——。

そして、その天皇のお留守の間の十一月に事件がおきたのだった。その政治的背景その他はここでは関係ない。が、それはともあれ、この事件の経過をみると、天皇はこの事件のあった斉明天皇四年（六五八年）の十月に、「紀温湯《きのゆ》」におでましになっている。

注意すべきは、皇子は審問ののちに処刑されるが、天皇はその間ずっと紀の温泉におとどまりになっておられ、さらに処刑の行われた十一月九日以降も、そのまま滞在されたことだ。都に還幸《かんこう》になったのは、じつに翌年正月の三日である。

つまり、この年（斉明天皇四年）のニイナエはとり行われなかったらしい。

これは、有間皇子の事件のせいではないだろう。事件後もひさしく、かの地にとどまられているからだ。

先の孝徳天皇の場合といい、この斉明天皇の例といい、どうやらこのころの時代は、いささかニイナエを軽んずる傾向があったようだ。

斉明天皇の即位にかかわって、大嘗祭が行われた様子がないのは、たまたま『書紀』がその記事を省略したのではなく、実際に行われなかったためだろう。

天智天皇朝の検討

第三十八代・天智天皇朝（在位六六八年〜六七一年）に大嘗祭が成立したのではないか、という説がある。その根拠は何か。

ここでは、西田長男氏のいわれるところを引用しておこう。

藤貞幹《とうていかん》の天智天皇外記《がいき》には、「二年 戊辰《つちのえたつ》十一月二十四日 発卯《みずのとう》。行㆓大嘗祭㆒。王者一世一度大祭《たいさい》、始㆓于此㆒。（日本決釈）」とある。その所拠《しょきょ》とした日本決釈《にほんけつじゃく》は甚《はなは》だ古書のやうで、或《あるい》はこの説、取るべきではあるまいか。然《しか》らば、天智天皇の践祚《せんそ》に当《あた》つて一代一度の大嘗祭が創始せられ、仍《よ》つて此《こ》の戊辰の年に完成を見た近江令《おうみりょう》にもそのよしを定められるに至つたものではなからうか。（『神道史の研究　第二』）

つまり、藤貞幹（江戸後期の考証学者）の『天智天皇外記』に引用された『日本決釈』なる「古書」の記事が論拠とされているのだ。「王者一世一度の大祭、ここに始まる」――と、たしかにそう書いている。

しかし、『日本決釈』自体は今に伝わっておらず、どれだけ信用できる本なのかはっきりしない。

ここの記事だけをみても、ずいぶんあやしい気がする。

天智天皇の大嘗祭の日付が「二年戊辰十一月二十四日癸卯」となっているのはおかしい。『書紀』によれば、「戊辰」の年は即位元年でなければならず、「二年」ではない。しかも、「二年」の十一月一日は丙子《ひのえね》だから、この月の「癸卯《みずのとう》」は二十八日であって、「二十四日」ではない。

仮に「戊辰」の〝元年〟としても、十一月一日が辛巳《かのとみ》なので、「二十四日」は甲辰《きのえたつ》であって「癸卯」ではない。

肝心の日付にこんな不審があるようでは、『日本決釈』のこの記事にはあまり信用をおけない。

そうすると、天智天皇朝には他に大嘗祭が行われたことを示す史料がないから、先のような見解は、再考が必要だ。

天智天皇朝でも大嘗祭は未成立

まず、中大兄皇子《なかのおおえのみこ》（天智天皇）が一貫してつよい影響力をもった、大化改新後の孝徳天皇・斉明天皇両朝で、先に述べたように、「神道《かみのみち》を軽《あなず》りたま」い、ニイナエを軽視する傾向があったことは見逃せない。

その中大兄皇子が即位されるにおよんで、にわかに神道尊重《しんとう》の立場に転じられたとは想像しにくい。

『皇太神宮儀式帳《こうたいじんぐうぎしきちょう》』をみると、天智天皇三年（六六四年）に、伊勢の神宮に奉仕すべき〝神郡《しんぐん》〟たる多気《たけ》郡から、四カ郷《ごう》を割いて飯野《いいの》郡と称し、これを一般の行政区画の「公郡《くぐん》」に編入してしまっている。

これは、明らかな神郡の削減である。伊勢の神宮が、皇祖天照大神《あまてらすおおみかみ》を祀《まつ》る格別の神社であることを考えると、神道尊重の立場に立つ朝廷が行うべき施策とは考えにくい。

また、『書紀』の天智天皇十年（六七一年）十一月二十三日の条に、大友皇子《おおとものみこ》、左右大臣以下が天皇に誓盟《せいめい》を行った記事がある。ここで注意すべきは、それを行った場所が「内裏《おおうち》の西殿《にしのとの》の織の仏像《おりもののほとけのみかた》の前」であるということ。そしてその誓いの言葉の中に、

若《も》し違《たが》ふこと有らば、四天王打たむ。天神地祇《あまつかみくにつかみ》、亦復《また》誅罰《つみ》せむ。三十三天、此《こ》の事を

証《あきら》め知《しろ》しめせ。

とあって、明らかに仏教信仰を主としていることだ。

これと似たような誓盟の場面は、孝徳《こうとく》天皇朝や天武《てんむ》天皇朝にもある。が、いずれももっぱら神々（および天皇）に誓約していて、天智天皇朝の場合だけ異例だ。

以上は断片的な例にすぎない。しかしこれらのみからも、おおよそ天智天皇朝の性格をうかがい知ることができるだろう。

なお、谷川士清《たにかわことすが》（江戸中期の国学者）の『日本書紀通証《つうしょう》』は、天智天皇九年三月九日に行われた「山御井《やまのみい》の傍《ほとり》に、諸神《かみたち》の座《みまし》を敷きて、幣帛《みてぐら》を班《あか》つ」という行事について、「大嘗祭之式」のごとしとしている。

が、天皇の即位は七年の正月だから「九年」ではおそすぎる。「三月」に行われているのも時期が合わない。さらに祭儀内容からしても、とても大嘗祭とは考えられない。

このようであれば、一代前の斉明天皇朝まで行われていなかった大嘗祭が、この朝にいたってにわかに確立されたとは信じがたい。

先に批判した『日本決釈』以外、この時に大嘗祭が行われたことを伝える史料もない。だから、天智天皇朝にいたっても、大嘗祭はなお未成立だったと考えてよさそうだ。

Ⅲ　大嘗祭の基本的特徴

大嘗祭の「成立」とは何か

以上のように、私は天智《てんじ》天皇朝（七世紀後半）にいたるまで大嘗祭は成立していなかった、と考えている。

だが、このことを胸をはって主張するためにはまだ大切な手続きが残っている。

大嘗祭が「成立していた」とか、「成立していない」という場合、そもそも何をもって大嘗祭の「成立」とみなすのかが、はっきりしていなくてはならないはずだ。これが、大嘗祭「成立」論の大前提だ。そのことを、論じ残していたのである。

しかし、じつはこの問題は、最も基礎的・前提的なものでありながら、今まで〝まとも〟に考えられたことがほとんどない。なぜか。

大嘗祭の「成立」という問題じたいが、これまで自覚的に検討されてこなかった、というのが最大の理由だ。

これは驚くべきことだ。というのは、この「成立」の問題を抜きにして、大嘗祭の本義や本質を語ることは困難だからである。

きついいい方をすれば、今までの多くの大嘗祭論や大嘗祭研究は、大嘗祭の「成立」に無関心であることによって、大嘗祭の本質（固有の属性）そのものについても、十分興味をもたなかったように見える。

その証拠に、従来、大嘗祭は本義上、新嘗祭《にいなめさい》と同一であって、ただ御代《みよ》のはじめに行われることと、それによって規模が大きくなること（そしてより鄭重《ていちょう》になること）がちがうだけだ、という考え方が支配的である。

その主旨《しゅし》に於《お》ては毎年の新嘗祭と異《こと》なる所なけれど、御代始《みよはじめ》に行はせ給《たま》ふを大嘗祭といひ、毎年行はせ給ふを新嘗祭と称して区別する。（『神道大辞典』）

大嘗祭とは、いうまでもなく即位直後の御代始めの新嘗祭（岡田精司氏「大化前代の服属儀礼と新嘗」）

天皇即位の年（ないしその翌年）の新嘗祭を特に盛大に行はれるのが大嘗祭（梅田義彦氏「悠紀《ゆき》・主基《すき》の考察」）

践祚《せんそ》の後になるべく速やかに、基本的にはその後にくる最初の新嘗祭において、それが御世《みよ》一度の大規模な大嘗祭として行われる。（田中初夫氏『践祚大嘗祭　研究篇』）

最も重視された大嘗祭は、……その新嘗祭と等しく、その規模の拡大されたもの（早川庄八氏『日本古代官僚制の研究』）

こんな説明をいくら聞かされても、大嘗祭を大嘗祭たらしめている、固有の属性や本質的契機は、いっこうわからない。根本的に「大嘗祭とは何か」を知ることができないのだ。

これでは、大嘗祭の「成立」をまともに問題にすることができないのも、当然だ。

大嘗祭と新嘗祭の相違は何か

大嘗祭の本質（固有の属性）とは、大嘗祭のみにあって、大嘗祭以外のもの（新嘗祭もふくめ）がもち得ない〝何か〟でなければならない。

だから、「大嘗祭とは何か」を端的に明らかにするためには、どうしても大嘗祭を新嘗祭から区別するものが何であるかを問わねばならない。

そして、大嘗祭の「成立」とは、この国家的祭儀が、ニイナエを母胎《ぼたい》としつつも、ニイナエ（やそこから直線的に展開した新嘗祭）とは異なるものとして、固有の属性を獲得するにいたった時点（段階）をさしていうものに他ならない。あるいは、毎年恒例の新嘗祭と、皇位継承儀礼としての大嘗祭との、原理的な区別が確立してこそ、大嘗祭は「成立」する、といってよいかもしれない。

そうであれば、私たちは従来よくみられた、大嘗祭と新嘗祭の弁別をあいまいにし、大嘗祭固有の属性を不問にふすような、通俗的「大嘗祭」観から訣別《けつべつ》しなければならない。

その上でこころみるべきは、大嘗祭が新嘗祭と相違して固有にもつ属性は何か、大嘗祭と新嘗祭の相違点として最も顕著で重大なものは何か——を問うことである。

この問いに正しく答えることができれば、その大嘗祭の固有の属性の確立過程をみることによって、「成立」の問題はおのずから解明されるであろう。

対照的な大嘗祭と新嘗祭

大嘗祭の古儀《こぎ》を調べる時に、まず参考とすべきは、第五十六代・清和《せいわ》天皇の御代（在位八五八年〜八六七年）、貞観《じょうがん》年間に成立したとされる『儀式』（いわゆる「貞観儀式」）と、第六十代・醍醐《だいご》天皇の領導によって編《あ》まれた『延喜式《えんぎしき》』だ。

『延喜式』というのは、律《りつ》・令《りょう》・格《きゃく》・式《しき》の「式」、つまり律令の施行細則で、『弘仁式《こうにん》』・『貞観式』

という、先行の二式を集成し、加除訂正を加えて完成した。『儀式』は朝廷の諸儀式について、式よりもさらにくわしい規定をのせている。いずれも、平安時代の前期から中期にかけて編《へん》纂《さん》されたものだ。

そこで、これらによって知られるところから大嘗祭と新嘗祭を比較すると、たんに規模の大小とか鄭重さの程度といったことでは説明できない、いちじるしい違いがあるのに気づく。その最たるものは、お祭りの中心をなす新穀《しんこく》の由来・性格が、両者ではまったく異なっていることだ。

新嘗祭の神事にもちいる稲と粟《あわ》は、うらないで定めた「官田《かんでん》（屯田《とんでん》）」のものをもちいた（「延喜宮内省式《くないしょうしき》」・「同大炊寮式《おおいりょうしき》」）。官田（屯田）とは、天皇のお召し上りになるものを作るための、聖別された、天皇直属というべき特別の田んぼ（供御料田《くごりょうでん》）だ。この田は、はるか遠い昔、大和王権の創成期に設けられた〝倭《やまと》の屯田《みた》〟に源流する。このことは、先の章ですでに述べた。

公民の耕作田こそ大嘗祭の基盤

これに対し、大嘗祭はどうか。

大嘗祭の稲をたてまつるのは、うらないで選ばれた悠紀《ゆき》・主基《すき》両地方だ。

しかも注目すべきは、その稲が「百姓《おおみたから》」（公民《こうみん》）の耕作している田んぼからとれたものであるということだ。この点について、『延喜式』にこうある。

凡《およ》そ抜穂《ぬきほ》の田は国別《くにごと》に六段《たん》。百姓《おおみたから》の営《つく》る所《ところ》の田を用《もち》ゐよ。その代《かわり》は正税《しょうぜい》を以《もち》て給《たま》へ。

「抜穂《ぬきほ》の田」というのは、大嘗祭の稲をたてまつるための特別の田のことだ（他に「大田《おおた》」とも呼ばれた。『儀式』参照）。「六段」というと、一段《たん》が三百六十坪（約千百九十平方メートル）だから、その六倍の広さ。「国別」とあるから、悠紀の地方（国）に六段、主基の地方（国）に六段、計十二段の田んぼが用意される。

重要なのは、その田が、「百姓《おおみたから》の営《つく》る所の田」だったことだ。「百姓」というのは今の〝百《ひゃく》姓《しょう》〟という言葉とはややちがって、ふつうに農民ということではない。姓《せい》をもつ人（有姓者）のことで、豪族らの私的な支配から離れた〝天下の公民〟という含意《がんい》がある。その公民たる農民の耕作する田んぼは、律令国家のたてまえでは、口分田《くぶんでん》である。これはもともと「私田」とされた（『令集解《りょうのしゅうげ》』田令《でんりょう》〝荒廃〟条に引く『令釈《りょうしゃく》』、『令義解《りょうのぎげ》』）。それが墾田永世私財法《こんでんえいせいしざいほう》の施行（七四三年）によって墾田が「私財」田とみなされるようになり、八世紀後半から「公田」・「私田」の概念が変動したため、あらためて「公田」と位置づけられることになったとされる。

「私田」というのは、その田が一私人の排他的な用益権《ようえきけん》・田主権《でんしゅけん》が保証されていることを重くみたいい方で、それが「公田」とされるようになるのは、〝私財田〟の拡張・圧迫に対し、国家によってその権利が保護・尊重されるべきものだという点が、より重視されることになったためだ。

いずれにせよ、その田の用益権・田主権が、国家によって保護され、尊重されるべきものであることは変わらない。だから大嘗祭に際しても、抜穂田とされたものには、「正税《しょうぜい》」（令制下で諸国が収納した田租《でんそ》）による補償が行われたのである。

新嘗祭と対照して重視すべきは、そのような措置をとってまで、とくに在地の百姓《おおみたから》（公民）の耕作田の稲をもちいたことだ。

このことは、今までほとんど注意されてこなかった。が、見過ごすことのできない、極めて重大な相違点である。

公的・国家的収取による神事

倭《やまと》の屯田《みた》に源流する、供御料田たる官田（屯田）は、いわば天皇の個別的支配の下にある田地だ。これに対し百姓（公民）の耕作田は、原則としてあらゆる個別的支配の〝外部〟にある、公的な権力としての国家の統治のもとにある田地だ。

したがって、新嘗祭において官田（屯田）の稲・粟をもちいることは、大化前代から変わらぬ、個別的支配地からの個別的収取《しゅうしゅ》によるものである。それに対し、大嘗祭で悠紀・主基両地方の在地の百姓（公民）の耕作田の稲をもちいることは、明らかに個別的収取をこえた、公的・国家的収取による神事《しんじ》の執行を意味する。ここが重要なポイントだ。

大町健氏は、古代国家の土地制度確立の意義について、こういわれた。

> 大化前代《たいかぜんだい》のヤマト王権の田地《でんち》支配と、律令班田制《はんでんせい》との間には、原理的な転換が存在したのである。両者の間には、首長《しゅちょう》層の個別的田地支配の集合たる屯倉《みやけ》・田荘《たどころ》を基盤としたヤマト王権の段階から、個々の支配者の田地支配を超えそれを規制する律令班田制への飛躍が存在する。（『日本古代の国家と在地首長制』）

大嘗祭にもちいる稲の収取は、ここにいう「原理的な転換」をふまえたものと考えるべきだ。大嘗祭の稲が、在地の百姓（公民）の耕作田からたてまつられたことは、『儀式』にもそのことをうかがわせる史料がある。そもそも大嘗祭に特徴的な、悠紀・主基両地方の卜定《ぼくじょう》は、神事の新穀に、供御料田（官田・屯田）のものを使わず、在地の農民（百姓・公民）の耕作田のものを求めるあり方に対応するものだ。

大嘗祭と新嘗祭は、その神事の中心である新穀（大嘗祭は稲、新嘗祭は稲と粟）をたてまつる田地の性格〝そのもの〟において、根本的に相違していたとすべきであろう。

民の奉仕が主体

しかもさらに、両祭が行われるさいの奉仕者の構成、執行上の態勢において、そのちがいは歴然としている。

新嘗祭は、もっぱら神祇官《じんぎかん》や宮内省《くないしょう》、宮内省付属の役所である大炊寮《おおいりょう》・内膳司《ないぜんし》・造酒司《さけのつかさ》など、中央の諸官司の奉仕のみによって行われる原則だった。その意味では、朝廷内部の祭祀といってよい。それも多分に「内廷」的な、国家の統治組織から離れた性格が強い。

これに対し、大嘗祭はまったくちがった。大嘗祭は、むしろ地方在住の民《たみ》の奉仕が主体である。

まず、一番大切な稲は悠紀・主基両地方の在地の民がたてまつった。両地方は、必ず朝廷の膝下《しっか》の国々というべき畿内《きない》（山城《やましろ》・大和《やまと》・河内《かわち》・和泉《いずみ》・摂津《せっつ》）以外の国から選ばれている。

その他にも、

○海産物を中心とする御贄《みにえ》（由加物《ゆかもの》）を献上する、紀伊国《きいのくに》（海部郡《あまのこおり》）・淡路《あわじ》国（御原《みはら》郡）・阿波《あわ》国（那賀《なか》郡・麻殖《おえ》郡）

○繒服《にきたえのみそ》・麁妙服《あらたえのみそ》を納める参河《みかわ》国（神服社《かむはとりのやしろ》の神戸《かんべ》）・阿波国（麻殖郡の忌部《いんべ》氏）

○語部《かたりべ》を出す美濃《みの》国・丹波《たんば》国・丹後《たんご》国・但馬《たじま》国・因幡《いなば》国・出雲《いずも》国・淡路国

○神楯《かんたて》・戟《ほこ》を納める丹波国（楯縫《たてぬい》氏）・紀伊国（忌部氏）

など、諸地方の民の奉仕がある。これらの国々が、いずれも畿外の国（外国《げこく》）であることも、見逃してはならない。

もっとも、大嘗祭の供え物をもる容器類をたてまつる諸地方（河内・和泉・尾張《おわり》・参河《みかわ》・備前《びぜん》の五カ国）の中の、河内・和泉二国は畿内だ。しかし、これらの国がたてまつるのは、あくまで容器にすぎず、他のものと同列に論ずることはできない。あるいは、河内・和泉両国には、わが国で最古最大の須恵器《すえき》生産地〝陶邑窯《すえむらよう》〟が分布していたから、その特別の由緒を重んじたためかもしれない。

いずれにせよ、大嘗祭がおもに畿外の地方民の奉仕を基盤とするものであったことは、明らかだ。

新嘗祭の新穀をたてまつる官田（屯田）が、もっぱら畿内にのみ散在したのと、まさに対照的である。

大嘗祭の本質的契機

大嘗祭と新嘗祭の〝対照性〟は、もはや明白だ。

新嘗祭が神祇官・宮内省中心の奉仕による、朝廷の内部だけで完結する内廷的な神事であるのに対し、大嘗祭は、もっぱら地方在住の民の奉仕を主体とする祭儀であった。

前者が、いわば前国家的な個別的支配―収取に対応するのに対し、後者は統一国家による公的・普遍的統治―収取に対応した。

新嘗祭は、原則として天皇と民の関係性にかかわらない。一方、大嘗祭では、天皇と民の関係性こそが、祭りの主軸である。

かかる対照性を、規模の大小や鄭重さの問題に還元できないことは、いうまでもない。むしろ、このような違いのゆえに、大嘗祭はまさに、皇位継承にかかわる国家的重儀たる意義をにない得た、とすべきである。

「はしがき」で予告した〝民の大嘗祭〟とは、だから、大嘗祭を毎年恒例の新嘗祭とは異なる皇位継承儀礼たらしめる本質的な契機の意味に他ならない。民の参画と奉仕を欠いては、皇位継承儀礼としての大嘗祭は、まったく成立し得ないのである。

文献ガイド③

儀式

「貞観《じょうがん》儀式」とも。十巻。平安前期の官撰《かんせん》の儀式書。現存の『儀式』は細部にのちの手が入っているものの、大体、清和天皇朝の貞観十四年（八七二年）十二月から元慶《がんぎょう》元年（八七七年）十二月までの成立とされる。巻二～四に大嘗祭についての詳細な規定を収める。践祚儀・即位式についても、巻五に規定がある。

延喜式

律令の施行細則である「式」を編纂《へんさん》した法典。『弘仁《こうにん》式』・『貞観《じょうかん》式』につぐ三代式の一つ。全五十巻。醍《だい》醐《ご》天皇の領導のもと延長《えんちょう》五年（九二七年）、藤原時平《ふじわらのときひら》・同忠平《ただひら》によって撰進《せんしん》、康保《こうほ》四年（九六七年）施行。巻七に大嘗祭についての細則が集成されている。また、他の諸巻にも関係規定を多く収める。『儀式』とともに古代の大嘗祭について最も包括的で詳細な史料。なお『弘仁式』・『貞観式』は完本《かんぽん》として伝わらず、虎尾俊哉編『弘仁式貞観式逸文《いつぶん》集成』に逸文が収集されている。『弘仁式』の巻五には「践祚《せんそ》大嘗会《だいじょうえ》式」があった。

大嘗祭「成立」のめやす

ところで、みたような大嘗祭と新嘗祭の対照性を、制度的にはっきりと規定したものが、「神祇令《じんぎりょう》」の〝大嘗〟条だ。

凡《およ》そ大嘗《おおにえ》は、世毎《よごと》に一年、国司事《こくしこと》を行へ。以外は、年《とし》毎に所司《しょし》事を行へ。

これは『養老令《ようろう》』の規定だ。『大宝令《たいほう》』の「神祇令」にも、ほぼ同文の規定を復原することができる。

ここでいう「国司」とは、大嘗祭にのぞんで、これに奉仕することをおおせつかった地方

（国）の地方官のことだ。おもには悠紀・主基両地方の国司をさしている。「世毎」の皇位継承儀礼としての「大嘗」（践祚大嘗祭）は、悠紀・主基に選ばれた国の地方官を中心に、管下《かんか》の民をひきいてことを奉仕すべきである、とまず規定しているのだ。

一方、「所司」とあるのは、神祇官をはじめ中央の諸官司、朝廷の役所のことだ。だから、これにつづけて「年毎」のそれ（新嘗祭）は、もっぱら神祇官を中心に中央の諸司が奉仕せよ、と定めているのである。

これは、前項でみた両祭の対照性を、制度の上で明確に規定したもの。大嘗祭の固有の属性を決定し、新嘗祭との区別を確立したものである。

ならば、大嘗祭の「成立」は、このような規定が、律令法の条文としてであれ、それ以前の単行の法規や祭儀斎行《さいこう》上の慣例としてであれ、とにかく固定した制度上の準則として確立した段階をめどに、考えるべきである。

いいかえれば、「神祇令」大嘗条（もしくはその原型）がいつ成立したかをさぐることによって、大嘗祭の成立年代を決定できることになる。

大嘗祭の成立時期はいつか

『大宝令』の「神祇令」には、すでに〝大嘗〟条はあった（『令集解《りょうのしゅうげ》』職員令《しきいんりょう》〝神祇官〟条に引く『古記《こき》』参照）。だから、大嘗祭はこの令が施行された時点（大宝二年〈七〇二年〉）、ないしはこの令にもとづく最初の大嘗祭が行われた和銅《わどう》元年（七〇八年・元明《げんめい》天皇大嘗祭）の段階には、すでに大嘗祭は確実に成立していたことになる。

それ以前はどうか。

天智天皇にいたっても成立していなかったことは、先にのべた。第四十代・天武《てんむ》天皇朝（在位六七三年〜六八六年）ではどうだったか。いまだにそのような規定は確立していなかった。

なぜそんなことがいえるか。『書紀』によれば、天武天皇朝では、御代始《みよはじ》めの「大嘗」も、毎年の新嘗祭も、同一の方式で祭儀が行われ、両祭の原理的な区別は認められないからだ。

しかし、この天皇の御代は、ふたつの点で注目しなければならない。

ひとつは、『書紀』における「大嘗」の語の確実な初見がここにでてくるということ。

天武天皇二年十二月五日条の記事だ。

大嘗《おおにえ》に侍奉《つかえまつ》れる中臣《なかとみ》・忌部《いんべ》と神官《かんつかさ》の人等《ひとども》、併《あわせ》て播磨《はりま》・丹波《たにわ》、二つの国の郡司《こおりのみやつこ》、亦《また》以下の人夫等《おみたからども》に、悉《ことごとく》に禄賜《ものたま》ふ。因《よ》りて郡司等に、各爵一級《おのおのくらいひとしな》賜ふ。

しかも、右の大嘗祭にともなう賜禄《しろく》記事の中に、播磨・丹波二国の「人夫等」がみえていることからわかるように、ここですでに、地方民の参画・奉仕を主体とする大嘗祭の特徴的なあり方は、成立していたのである。

過渡期だった天武天皇朝

では、大嘗祭は天武天皇の代で成立したとみてよいのか。

答えは否《いな》だ。天武天皇五年・六年の新嘗祭についての記事をみると、それは明らかだ。この天皇の御代では、毎年行われる恒例の新嘗祭でも、「斎忌《ゆき》」（悠紀）・「次《すき》」（主基）両国が卜定《ぼくじょう》され、「国司」の奉仕があったことがわかる。

これでは、「神祇令」大嘗条の原型となるような規定は、いまだなかったとせざるを得ない。つまり、〝大嘗祭型〟の祭儀形態はここにいたって成立したといい得る。しかし、一方、皇位継承儀礼としての大嘗祭と、恒例の新嘗祭の原理的な区別がまだ確立していない（新嘗祭まで大嘗祭化してしまっている）。したがって、厳密な意味での大嘗祭の「成立」とはいえない。

今まで、たんに「大嘗」の語のたしかな初見であることや、一代において「大嘗」と「新嘗」が別記されているというだけの理由から、大嘗祭の成立を天武天皇朝に求める意見があった。

しかし、はたしてそうか。「成立」の意義を、もう少し厳格に考える必要がある。

天武天皇朝は、大嘗祭の「成立」にとって不可欠の前提をなす、過渡的な〝転換〟の時代だったとすべきだろう。

第一回の大嘗祭

大嘗祭の成立は、かくて天武天皇朝よりものち、『大宝令』施行までの間のことだ。私は『飛鳥浄御原《あすかきよみはら》令』（以下、『浄御原令』と略す）において、その「神祇令」に『養老令』や『大宝令』とほぼ同趣旨の規定（〝大嘗〟条）がのせられていたと考える。

同令が中央の諸司《しょし》にくだされたのが、持統《じとう》天皇三年（六八九年）。翌年、同令にもとづく即位の儀式が行われた。この年の秋には、伊勢の神宮（内宮《ないくう》）の第一回式年遷宮《しきねんせんぐう》が行われている（『太神宮諸雑事記《だいじんぐうしょぞうじき》』・『二所太神宮例文《にしょだいじんぐうれいふみ》』）。

おそらくそのためであろう。この年の秋に行われるべき持統天皇の大嘗祭が斎行されたのは、さらにその翌年、持統天皇五年（六九一年）のことだった。

〔十一月（二十四日）〕大嘗《おおにえ》す。神祇伯《かむつかさのかみ》中臣朝臣大嶋《なかとみのあそみおおしま》、天神寿詞《あまつかみのよごと》を読む。
〔同月二十五日〕公卿《まえつきみたち》に食《おもの》衾《おおみふすま》賜《たま》う。
〔同月二十八日〕公卿より以下主典《ふびと》に至るまで饗《あえ》たまふ。并《あわせ》て絹《きぬ》等賜ふこと、各差《おのおのしな》有り。
〔同月三十日〕神祇官の長上《ながつかえ》より以下、神部《かむとものお》等に至るまで、及び供奉《そのことにつかえまつ》れる播磨《はりま》・因幡《いなば》の国の郡司《こおりのみこともち》より以下、百姓《おおみたから》の男女に至るまでに饗たまひ、并て絹等賜ふこと、各差有り。

私見によれば、右の『書紀』の記事こそ、制度的に確立された第一回大嘗祭の斎行《さいこう》を示すものだ。

『書紀』にみえる持統天皇の即位関係記事から考えて、『浄御原令』には、『養老令』に規定がある皇位継承関係条規（「神祇令」即位条・践祚条・大嘗条）の中、「神祇令」〝即位〟条と〝践祚〟条の原型となるものは、すでに設けられていたと判断できる。

とすれば、右の記事も、同令〝大嘗〟条によって行われたものと考えて、さしつかえないだろう。

大嘗祭はここに成立した

持統天皇の大嘗祭記事で興味ぶかいのは、十一月二十五日（壬辰《みずのえたつ》）・二十八日（乙未《きのとひつじ》）・三十日（丁酉《ひのととり》）に認められる節会および賜禄のあり方が、『儀式』・『延喜式』に規定するそれと、一定の対応性をもち、かなり整備された形になっている点だ。このことは、記事にあらわれているところだけでなく、大嘗祭を構成する諸儀式が、この時に相当ととのえられたことを想像させる（『大宝令』にもとづく最初の大嘗祭である、元明《げんめい》天皇大嘗祭『続日本紀《しょくにほんぎ》』の記事と比べた場合、その対応関係はさらに明らかだ）。

大嘗祭の成立を、これよりのちの文武《もんむ》天皇朝や元明天皇朝までくだして考える必要はないだろう。

むしろ、大嘗祭の「成立」といった、皇位継承儀礼上、および神祇制度上の重大な変革は、神道《しんとう》信仰上のめざましい復興期にして、古代国家確立の画期《エポック》とされるこの時代においてこそ、達成され得たと考えるべきだ。

天武天皇朝において、ニイナエの伝統に空前の変革が行われた。

その神事の新穀に、供御料田以外の、地方民の田のものがもちいられる例が開かれたのだ（〝大嘗祭型〟祭儀形態の出現）。この天皇の御代では、毎年恒例の新嘗祭もこの方式で行われた（あるいは、天武天皇七年〈六七八年〉以降は『書紀』に「新嘗」の記事をみないから、新嘗祭はふたたび伝統的な形にもどった可能性もある）。

その後、天武天皇朝の諸政策を総括した『浄御原令』で、皇位継承儀礼としての大嘗祭と、毎年恒例の新嘗祭との、原理的な区別を制度の上で確立した。前者が悠紀・主基両国を中心とする地方の民の奉仕を主体とするのに対し、後者はもっぱら中央の諸司の奉仕によるべきことが規定されたのだ。

ここにおいて、大嘗祭は制度上「成立」した。持統天皇の大嘗祭は、その規定にもとづくはじめてのもので、〝第一回〟大嘗祭といってよい。

以上が、こんにち私らに与えられている史料から考えられる、大嘗祭「成立」の経過だ。

Ⅳ　古代国家の確立と大嘗祭

奉仕の基盤――コオリ（郡・評）

大嘗祭の最も重要な基盤は、悠紀《ゆき》・主基《すき》両国だ。しかし、その在地の奉仕者に注目すると、両国による奉仕は、おもに〝斎郡《さいぐん》〟（とくに聖別された郡）と呼ばれる、その国内から選ばれた「郡」であることがわかる。

律令国家の地方統治の基本は、国郡制《こくぐんせい》である。朝廷―国司《こくし》―郡司《ぐんじ》という系列で、古代国家の地方行政は貫徹するたてまえだった。

この制度について、気をつけなければならないのは、国《くに》と郡、もしくは国司と郡司の機能のちがいである。

国司は地方官であっても、中央から派遣された役人で、原則として国家意志の地方における執行者というべきものだ。

一方、郡司は地元の豪族出身の者によって構成される。

前者が純然たる〝官《かん》〟とすれば、後者は同じ地方官でも、〝民《みん》〟の性格をおびる。郡司は「在地の共同体的諸関係を総括する」（大町健氏）機能をになうことによって、律令国家の基礎をかたちづくるからだ。

郡司の、在地の共同体秩序の「総括」者としての一面に着目すれば、その〝非律令的〟・〝守旧的〟な性格（坂本太郎氏）や、〝氏族制〟原理のあらわれ（井上光貞氏）を認めることができるだろう（渡辺育子氏は〝非律令官人的〟とされる）。

これに対し、郡司が律令国家の全国統治の基礎である点に注意すれば、「郡司の律令的特質」（米田雄介氏）や、「国家機構の地方的末端組織の担い手」（原秀三郎氏）としての性格を指摘できるはずだ。

郡司は、まさにそのような二面性を統一したものだった。そして、このような郡司の二面性を前提としてこそ、古代国家は確立し得たのである。

もし律令国家が、地方行政のてだてとして国司的機能しかもち得なかったとしたら、その統治は在地の共同体の〝内部〟にまでとどかないで終わっただろう。そうであれば、そのような国家は、大化前代の国家と質的・原理的な区別をもち得ない。厳密な意味での古代「国家」とはいえないものだ。

在地の奉仕は郡司が中心

さて、その郡《こおり》の前身は、「評《こおり》」である。評は、孝徳《こうとく》天皇朝の大化改新《たいかのかいしん》の一環として、各地に設置された。

それが『大宝令《たいほうりょう》』で〝郡《ぐん》〟にあらためられる。評と郡のちがいは、おもにその上位の行政区画である「国」制の整備のすすみぐあいによる。「国」制形成の画期《エポック》は天武《てんむ》天皇朝。国司制はこののち『大宝令』により確立するから、国郡制は『大宝令』の施行によって成立したといえ、「郡」の成立も厳密にはこの時点ということになる。

しかし、評と郡の連続性も軽視できず、律令国家の地方統治の萌芽《ほうが》は、「評」制であると考えてよい。

評および郡は、古代国家成立の歴史的・構造的な〝端緒《たんしょ》〟というべきものだった。

ところで、大嘗祭を支える悠紀・主基両国における地元民の奉仕の実態をみると、その中心は郡司（もしくは評の役人）だ。

まず、過渡期たる天武天皇朝をふくめ、『浄御原令《きよみはらりょう》』制下の持統《じとう》天皇・文武《もんむ》天皇、『大宝令』制下の元明《げんめい》天皇・元正《げんしょう》天皇・聖武《しょうむ》天皇などの大嘗祭における在地奉仕者について、『日本書紀』や『続日本紀《しょくにほんぎ》』で調べてみると、国司についてはまったく記載されず、もっぱら郡司（評の役人）以下の奉仕がみえるのみだ。

もちろん、だからといって、国司がそれらの大嘗祭にまったく関与しなかったとは、考えられない。すくなくとも国郡制成立以後にあっては、国司の行政的機能を媒介《ばいかい》として在地を把握するのが国郡制の原則だから、必ず国司の関与があったはずだ。

しかし、その国司の関与の意義は、郡司のそれに比べて格段に低いものだった。『日本書紀』や『続日本紀』の記事は、そのことを示している。

第四十六代・孝謙《こうけん》天皇の大嘗祭からは、国司の関与が史料にでてくる。しかし、在地奉仕の中心が郡司であることに変化はなかった。

悠紀・主基両国による奉仕のはじまり

平安時代の史料をみても、在地奉仕で最も大切な役割を果たす「造酒童女《さかつこ》」（『儀式』）に、〝斎郡〟の郡司（大領《だいりょう》・少領《しょうりょう》―長官・次官）の未婚のむすめで、うらないで選ばれた者があてられることになっていた。また、大嘗祭の節会《せちえ》のあとの賜禄《しろく》では、国司にはない郡司の特別待遇として、とくに「馬一匹」を賜《たま》わるのが例であった。

悠紀・主基両国での在地奉仕の実際上の中心は、令に規定する「国司」でなく、郡司だったことは明らかだ。

ここで考えあわすべきは、「評制による地域支配がほぼ全国的に成立した」のが、「七世紀第Ⅳ四半期《しはんき》から八世紀第Ⅰ四半期ごろ」（四半期は四分の一、つまり二十五年ずつの区切り）、すなわち『浄御原令』の時代とされていることだ（山中敏史氏）。

これは、郡《ぐん》（評）衙《が》（郡司の庁・郡役所）遺跡の発掘調査の現状をふまえての指摘だから、信ずべき見解だろう。

しかも、国司の拠点となる国衙《こくが》の全国的な成立は「八世紀前半〜中ごろ」であった。山中氏は、国衙成立以前の地方統治について、こういわれる。

八世紀初期までの段階では、国司は、拠点的な郡衙に駐在したり、あるいは各郡衙を巡回したりすることによって、郡司の政務報告の統轄《とうかつ》や調庸物《ちょうようもつ》等の検校《けんきょう》、郡司に対する律令法等の伝達などの任務を果たしていたであろう。……地方支配の実質的な拠点が郡衙にあり、律令国家の地域支配が、郡司ら在地豪族の伝統的支配力に依拠して成立したことを推察せしめる。（「国衙・郡衙の構造と変遷」）

大嘗祭の基盤をなす在地奉仕の中心が、国司でなく、〝斎郡〟の郡司であるという事実は、右のような国衙未成立段階の中央―在地の関係に対応する。これは、悠紀《ゆき》・主基《すき》両国による奉仕のはじまりが、「八世紀初期」以前だったことを示唆している。

しかも、郡司（評の役人）が奉仕の中心である以上、それは評制が全面的に施行された「七世紀第Ⅳ四半期」以降にはじまったとすべきだ。

この間にあって、大嘗祭の成立に欠かせない悠紀・主基両国の奉仕の所見が、天武天皇朝だったのは決して偶然ではない。

在地奉仕の意味

大嘗祭が『浄御原令』によって制度的に「成立」したとする私の考えは、この祭儀を支える悠紀・主基両国の在地奉仕者の検討からも、傍証を得ることができる。

ただし、人によっては、郡司（評の役人）を大化前代《たいかぜんだい》の地方官だった国造《こくぞう》（くにのみやつこ）の〝遺制《いせい》〟のごとく考えて、在地奉仕の中心が郡司だということは、国造制の下ですでにその奉仕があったことを示すものと理解されるかもしれない。

しかし、郡司（評の役人）は国造とは次元を異にする。あくまでも律令国家による全国統治の前提をなす在地官人である。

国造制から郡（評）司制への転換は、「実に封建《ほうけん》より郡県《ぐんけん》制への重大な社会的変質を意味」した（田中卓氏）。郡（評）司制は、「国造制の再編成を前提にし」「基盤の異なる在地首長を編成したもの」（大町氏）であることを、忘れてはならない。

そもそも国造制下に大嘗祭が成立していたら、在地奉仕の中心は国造だったはずだ。そして、国造が在地奉仕の中心をなすという伝統があったならば、国郡制下にあっても、それは何らかの形でのこされたはずだ。

現に、大化前代から行われていたとされる諸国の大祓《おおはらえ》では、その中心的奉仕者だった国造の役割は、やや退転した形であっても、『養老令』や『延喜式』にまでながく遺存《いぞん》している。ところが大嘗祭では、国造の奉仕の形跡《けいせき》はまったくみられない。この点からも、大嘗祭の成立は国造制下ではなく、評制施行後であったことが知られる。

では、大嘗祭の在地奉仕の中心が郡司であったことの意味は何か。

郡司は、「在地の共同体的諸関係を総括」することによって、古代国家における〝共同体〟と〝国家〟を媒介《ばいかい》する役目をになった。そのことを考えると、郡司が大嘗祭における在地奉仕の中心だった事実は、その奉仕がまさに、地元の共同体をあげてのものだったことを示している、といえる。

それは、中央からの派遣官たる国司が在地の豪族層を結集してこれに奉仕する、というあり方とは区別されるべき奉仕の形だ。

朝廷に対する地方豪族層の奉仕ではない。天皇の祭儀への共同体をかたちづくる在地の民そのものの（共同体の〝内部〟からの）奉仕であることに、郡司を中心とした在地奉仕の意味はあったのである。

「公民《おおみたから》」の誕生

こうして、大嘗祭の骨格をなすものが、天皇と民の関係性にあることは、いよいよ鮮明となった。

だが、天皇と民が、直接的な関係性でむすばれ得るようになるには、一定の歴史的経過をふまえなければならなかった。

それは、わが国の民衆が、豪族層の私的・個別的支配を脱した公民《おおみたから》として歴史に登場するための、ながくけわしい道のりだ。このことを、見落してはならない。

「公民」成立の大きな画期《エポック》となったのは、いうまでもなく大化改新《たいかのかいしん》だ。大化二年（六四六年）正月の、いわゆる改新の詔《みことのり》の冒頭に、こうある。

其《そ》の一《はじめ》に曰《のたまわ》く、昔在《むかし》の天皇等《すめらみことたち》の立てたまへる子代《こしろ》の民《おおみたから》・処処《ところどころ》の屯倉《みやけ》、及び、別《こと》に臣《おみ》・連《むらじ》・伴造《とものみやつこ》・国造《くにのみやつこ》・村首《むらのおびと》の所有《たもて》る部曲《かき》の民・処処の田荘《たどころ》を罷《や》めよ。

この詔文の史料性を疑う立場もある。だが、私はおおすじにおいて、これを信じてよいと考える。むしろ、その信憑性《しんぴょうせい》を前提として、この詔を〝大宝令前の文書〟を調べる際の素材としてあつかう研究者もあらわれている。

だが、その史料性はともかくも、その実効性については、そのまま信じられない。これは、天皇をはじめとして、臣・連・伴造・国造・村首、つまり中央・地方の豪族らの土地と人民に対する領有関係（個別的支配）を、すべて停止するように宣言したものである。ここに、「天皇等の立てたまえる子代の民・処処の屯倉」も停止の対象になっていることは、軽視できない。

これは、古代国家における公地公民制の確立が、天皇や王権による個別的支配の全国的拡大によって達成されたものではなかったことを示す。むしろその〝否定と克服〟こそが、大切な前提だった。

もしこの宣言がそのままただちに実施されていたとすれば、わが国の民衆はこの時点で、一切の個別的支配からはなれ、国家の公的な統治下に生きる「公民」となり得ていたはずだ。だが、事実はそうではなかった。そのことは、他でもない『書紀』の記事そのものによって、明らかに知ることができる。

改新政府の意図とはうらはらに、強固な伝統をもつ豪族層の個別的支配は、一朝一夕《いっちょういっせき》には過去のものとはならなかった。

天智《てんじ》天皇三年（六六四年）二月には、「甲子《かっし》の宣《せん》」がだされている。

其《そ》の大氏《おおきうじ》の氏上《このかみ》には太刀《たち》を賜《たま》ふ。小氏《ちいさき》の氏上には小刀《かたな》を賜ふ。其の伴造等の氏上には干楯《たて》・弓矢を賜ふ。亦《また》其の民部《かきべ》・家部《やかべ》を定む。

ここに「其の民部《かきべ》・家部《やかべ》を定む」とあることについては、さまざまな解釈がある。おおよそ、「地方豪族の私的隷属下にとどまり、政治的に未組織の非部民層」を、国家があらためて中央豪族の支配下におさめ、「各氏に賜与される民の範囲を『定』め、その領有を公認する措置であった」（平野邦雄氏）と考えてよかろう。

いずれにせよ、当時、公民制はいまだ十分確立していなかった。

それでも、天智天皇九年（六七〇年）には、はじめての全国的な戸籍である庚午年籍《こうごねんじゃく》が作成された。国家による公民の把握の進展をものがたるものだ。

そして、天武《てんむ》天皇四年（六七五年）二月十五日には、

甲子《きのえね》の年に諸氏《もろもろのうじ》に給《たま》へりし部曲《かきのたみ》は、今より以後《のち》、皆除《や》めよ。

との詔がくだされた。これによって、天智天皇三年（甲子の年）に定められた民部《かきべ》・家部《やかべ》（部曲）もとどめられた。

かくて「公民」身分の最終的な成立期は、この時代のことであった。

天皇および王権を構成する諸豪族もふくめて、すべての個別的支配が撤廃されることに

よって、民衆は「公民」としての自己を獲得する。大嘗祭が成立するために欠かせない前提条件は、ようやく整ったことになる。

その過程は、決して平坦なものではなかった。それは、まさに生まれいでんとする古代国家と、それ以前の氏族連合よりなる〝原初的《プリミティブ》な国家〟の、拮抗《きっこう》と対決、そして前者による後者の超克《ちょうこく》の歴史に他ならない。

天皇と民の直接的な関係性

大化前代、豪族層はみずから土地・人民を領有することによって、独自の政治的・経済的基盤をもっていた。その人民をすべていちがいに〝私民〟とみるのは単純にすぎる。が、その個別的支配は強力だった。天皇や中央豪族も、もちろん個別的支配下にある土地・人民をもった。

しかし、それらをトータルに否定することによってこそ、真に公的な統治主体としての国家（狭義の国家）は、成立し得るのである。

民衆がそれら豪族層の個別的支配を脱し、国家の公的統治下の「公民」となる道は、そのコインの裏側において、豪族層が独自の基盤を失い、公的統治の機構である国家組織の「官人《かんじん》」（官僚）として吸収されてゆく過程に他ならない。そこに大きな抵抗と摩擦を生むのは当然だ。

だがわが国では、太古より王権の神聖権威の中枢であった、天皇への帰一をふかめることによって、その国制上の転換と飛躍をかちとった。

律令国家を形成するための諸改革が、〝詔〟（天皇のおことば）によって推進されているのは、そのことを端的に示している。古代国家確立期とすべき天武天皇・持統天皇朝が、同時に天皇権威の高揚《こうよう》期だったことは、いうまでもない。

このように、古代国家の公的統治の確立によって、民衆は豪族層による個別的支配─被支配の関係をなかだちとせず、直接に天皇との関係性をむすび得るにいたった。

あるいはむしろ、天皇と民の直接的な関係性の登場こそ、わが国における古代国家の成立をあかすものだった、といえるかもしれない。

新嘗祭に欠けているもの

大嘗祭が新嘗祭と異なる、最も基本的な特徴は、国家の公的な統治による、天皇と民との直接的な関係性を前提とする点にあった。

いいかえると、個別的な支配をはなれた公民の奉仕によってこそ、皇位継承儀礼としての大嘗祭は成り立ち得たのである。

新嘗祭の基盤をなす官田（屯田）は、大化前代における天皇の個別的支配の伝統を律令制下にもちこんだ、古代国家のたてまえからは例外的存在だ。

新嘗祭は、そのような特殊な田んぼを背景として（しかももっぱら中央の諸司の奉仕によって）行われることで、独自の意味をもつことになる。

しかし大嘗祭が、もっぱらかかる個別的支配―収取の関係によって十全に行われるようなことはない。

なぜならば、それでは、国家の公的統治を体現しかつその根拠でもある、天皇の地位（皇位）の〝普遍性〟を確認し現証する意味をもち得ず、皇位継承の十分なあかしたり得ないからである。

なぜ大嘗祭が生みだされたのか

大嘗祭は、個別的支配を撤廃した公的統治の下にある田地《でんち》と、在地の公民の奉仕を成立の基盤とするところに、固有の意義をもつ。

それは、古代国家における天皇統治が、大化前代的な一切の個別的支配を超越し規制する、公的・普遍的な、諸階層をこえた〝第三の〟（対立・相対諸関係の上位にある）権力＝権威としての意義をになったのに対応するものだった。

したがって、大嘗祭はなぜ古代国家確立の時代に成立したのかと問うことは、おそらく正しくない。わが古代国家は、その成立に際して、なぜ大嘗祭を必然として生み出さなければならなかったのか、と問うべきだ。

氏族連合国家の国制段階から、中央集権的な古代国家への飛躍が行われるにさいし、国家統治の中枢たる皇位の世襲継承にかかわる諸儀式も、当然変革をよぎなくされた。

まず、五世紀の王権にはすでに認められた、群臣《ぐんしん》による〝神器《じんぎ》〟の献上が、祭祀分掌官《さいしぶんしょうかん》人たる忌部《いんべ》氏による奉仕にあらためられている（「神祇令」践祚《せんそ》条）。これは、皇位継承者の決定について、原則として群臣の介入を排除する国家のあり方を示したものだ。

『続日本紀《しょくにほんぎ》』におさめる即位の宣命《せんみょう》などにみえる、天智天皇が定められたという「改《かわ》るましじき常《つね》の典《のり》」（不改常典《ふかいのじょうてん》）は何か。さまざまな理解がある。ただ、広い意味での皇位継承法ということでは、ほぼ一致する。

これも、皇位継承に関する臣下《しんか》の容喙《ようかい》を阻止する機能をもっただろう。

令制《りょうせい》下、天皇のご存命中に皇位を譲られる〝譲位《じょうい》〟が一般的になる。このことによって、皇位継承者の決定に先帝《せんてい》のご意志が格段と大きなものになったのはもちろんである。

だがそれらは、先帝と新帝《しんてい》、天皇と群臣の関係にとどまる。大化前代の皇位継承ならば、それらの関係にかかわる儀式がとどこおりなく行われれば、それでよかろう。

しかし、今や天皇は、理念上すべての公民を直接に統治される。

天皇と公民の関係性をつつみこむ儀式が必要とされるのだ。

大嘗祭の成立と古代国家の形成

まず、大化前代のタカミクラを設けての即位式を継承した令制下のそれじたい、天皇と公民の関係性を観念的・幻想的につつみこむ性格をもって成立する。

『浄御原令』制下、文武《もんむ》天皇の即位式における宣命に、こうある。

集《うごなわ》り侍《はべ》る皇子等《みこたち》・王等《おおきみたち》・百官人等《もものつかさのひとども》、天下公民《あめのしたのおおみたから》、諸《もろもろ》聞きたまへと詔《の》る。

つまり、天皇の即位式に、「皇子等《みこたち》（『大宝令』では〝親王〟。天皇のご兄弟とみ子）・王等《おおきみたち》（皇族）・百官人等《もものつかさのひとども》（律令諸官司の全官人）」のみならず、「天下公民《あめのしたのおおみたから》」にも広く呼びかける、という形だ。

『続日本紀』にみえるこれ以降の即位の宣命にも、必ず「天下公民」とある。

これによれば、即位式がすでに、天皇と公民の関係性をカバーするごとくだ。

だが、それはあくまで観念上のことにとどまる。実際に即位式の〝場〟に参加し得たのは、朝廷の諸臣と官人にかぎられた。

即位式は、観念的・幻想的にしか、天皇と公民の関係性をおおいつくすものではなかった。そこで実態として包摂《ほうせつ》されるのは、朝廷の統治機構の内部でしかない。かくて、即位式によっては達成されなかった、天皇と公民の関係性を実態的に包摂する祭儀として、大嘗祭の成立が要請され、必然化される。

国家成立史の指標

すでにみたように、まず天武天皇朝において、民の奉仕による「大嘗」・「新嘗」が行われるようになる。これは、〝公民〟の登場に対応するニイナエの伝統の変革である。大嘗祭はかかるニイナエの変革をふまえ、『浄御原令』で「世毎《ごと》」と「年毎」の奉仕原理の区別がたてられることによって成立した。

しかも重視すべきは、もっぱら中央の諸司の官人の奉仕によって行われる「年毎」のものも、畿外の地方民、とくに悠紀・主基両地方の在地の公民の奉仕を主体とする「世毎」のものも、律令法にあっては、ともに「大嘗（祭）」と称されるたてまえだったことだ。しかも、大嘗祭が行われる年には、新嘗祭は行われない。

これは、古代国家にあって両祭が〝理念上〟同一の意義をもつものと位置づけられたことを示す。

つまり大嘗祭にあって、在地の公民の奉仕は観念的に、天皇の臣僚《しんりょう》たる官人の奉仕と同列のものとされ、公民の耕作田も理念上、供御料田《くごりょうでん》と同一視された。そこでは、悠紀・主基の地方に選ばれる可能性をもつすべての公民は、理念的には天皇の〝御民《みたみ》〟であり、全国の田地も、天皇の〝御田〟とみなすべきものだった。

ただし、誤解してはならない。実態としては、大嘗祭と新嘗祭は先にも述べたように〝対照的〟といってよいほど違う。実態上は明白に異なる両者を、天皇統治の理念に照らして、あえて同一視しているのだ。その〝ねじれた〟関係を見落としてはならない。

さらに公民とその耕作田が〝御民〟・〝御田〟であるというのは、天皇の個別的支配の下におかれていることを意味しない。むしろそれは、(天皇を含む)一切の個別的支配を脱し、もっぱら公的・普遍的な〝第三〟の権力＝権威としての天皇によって体現される国家の公的統治の下にあること、つまりまぎれもなく「公」民であり「公」地であることを示す。

こうして、大嘗祭は国家秩序の基本をなす、そのような天皇―公民の関係性を、御代《みよ》ごとに再認し更新するものとして、成立したのである。

その点からすれば、日本における古代国家は大嘗祭を成立せしめることによってこそ、最終的に確立することができた、ともいい得る。

大嘗祭の成立は、古代国家の形成過程と切りはなせないものとしてみつめる必要がある。それは、わが国の国家成立史上の重大な指標だったからだ。

第四章　誰も知らない大嘗祭——祭りのなかの国家

Ⅰ　大嘗祭のアウトライン

全体像の欠落

大嘗祭の本義・本質について、今までこんなことが語られていた。

> 昔は、天子《てんし》様の御身体《おからだ》は、魂の容《い》れ物である、と考へられて居《い》た。天子様の御身体（略）に、天皇霊が這入《はい》つて、そこで、天子様はえらい御方《おかた》となられるのである。（略）大嘗祭の時の、悠紀《ゆき》・主基《すき》両殿の中には、ちやんと御寝所《ごしんじょ》が設けられてあつて、蓐《しとね》・衾《ふすま》がある。（略）此《これ》は、日《ひ》の皇子《みこ》となられる御方が、資格完成の為に、此《この》御寝所に引き籠《こも》つて、深い御物《おんもの》忌《い》みをなさる所である。（略）物忌みの期間中、外の日を避ける為にかぶるものが、真床襲衾《まとこおうふすま》である。此《これ》を取り除いた時に、完全な天子様となるのである。（折口信夫氏「大嘗祭の本義」）

大嘗祭はいわゆる通過儀礼の一つの典型である。（略）日本の君主の最重要な職能も、この稲の穂の豊饒《ほうじょう》をもたらすことにあった。そして彼は、稲の初穂《はつほ》を食するとともにこの嘗殿《しょうでん》の神座《しんざ》に臥《ふ》し、天照大神《あまてらすおおみかみ》の子として生誕することにより、天皇としての資格を身につけるのである。（西郷信綱氏『古事記研究』）

非日常的な諸要素は、日本の場合も古代王権の中に多く認めることができた。それの基軸には天皇霊があり、天皇の非日常性は天皇霊のしからしめるところであった。天皇霊を継承していくための儀礼は天皇を中心とする宮廷行事、なかんずく大嘗・新嘗祭《にいなめさい》の中にとりこめられ、王権伝承に大きな役割を果たした。（宮田登氏「生き神信仰」）

令制《りょうせい》下の天皇の即位大嘗における神座の儀の意義の説明は、天孫降臨《てんそんこうりん》神話に求めるのが最も妥当なのではないかと思われる。してみれば即位大嘗の神座の儀は、穀霊児《こくれいじ》たる新生児の天孫が、真床に臥し衾に覆《おお》われて、天空より地上に降下してくる擬態《ぎたい》なのであろう。（略）即位大嘗の神事《しんじ》によって、天皇は皇祖神《こうそしん》たる太陽霊と直結または合体し、天孫たる五穀《ごこく》の穀霊を体現または象徴することになる。（山尾幸久氏「古代天皇の即位大嘗について」）

まだまだいくらもあるが、いちいち紹介するのはここらでやめよう。

大嘗祭に興味をもつ人は、右にかかげたような見解や、それに似たような意見を、どこかで読んだり耳にしたことがおありだろう。すっかりそれで納得された人もいるかもしれない。だが、ここで注意を喚起《かんき》しておきたい。

先に引用したような説明は、大嘗祭だけでなく、毎年行われる新嘗祭にもそのまま、あてはまるのだ。

毎年恒例の神事である新嘗祭にほとんどそのまま転用できるような議論は、すくなくとも皇《こう》位《い》継《けい》承《しょう》儀礼としての大嘗祭の核心を正しくついたものとはいえない。厳密な意味での大嘗祭の本質論たり得ていないのだ。

「民の奉仕」への視点が欠落

では、そこに大きく欠落しているものは何か。大嘗祭の「全体像」へのまなざしだ。これは、右の引用部分の中にたまたま大嘗祭にふくまれる諸行事への言及がない、ということを批判しているのではない。大嘗祭の全体像をふまえた上での、本質へのアプローチがなされていない方法上の欠陥を指摘したいのだ。

それらの意見がいちように、大嘗祭における〝民の奉仕〟がもつ意義をまったく無視していることは明らかだ。

大嘗祭の最も大事な基盤となる悠紀《ゆき》・主基《すき》両地方が〝畿外《きがい》〟からうらない（卜定《ぼくじょう》）によって選ばれる理由について、ほとんど注意がはらわれていない。

在地の奉仕の実態が郡司中心であることの意味も、かえりみられない。

およそ本書でとなえる「民の大嘗祭」という観点が、まるで配慮されていないのである。悠紀・主基両地方の奉仕の問題をとり上げる場合も、これまでの大嘗祭論・大嘗祭研究ではもっぱら「ユキ・スキ」という語の国語学的検討か、そうでなければ両地方に選ばれた国々の分布とか、奉仕した回数などを調べるにとどまることが多かった。

大嘗祭の〝トータルな構造〟の中でそのことがもつ意味をつかみだす、といった方法はとられていないのだ。

だから、悠紀・主基両地方の奉仕の事実がいくら語られ強調されても、先に引用したような新嘗祭にもそのまま通用するごとき大嘗祭「本義」論と、何の矛盾もなく並存し得たのだ。

じつは、悠紀・主基両地方の在地の民の奉仕こそ、すでに述べたように、大嘗祭と新嘗祭とを明確に区別する決定的な要素であるにもかかわらず、だ。

先に引用した説明の中で、「天皇霊」という言葉を不用意に使ったり、大嘗祭の神事の中で天皇が「真床襲会（嘗殿の神座）」に臥したりくるまったりする〝秘儀《ひぎ》〟があったかのようなことをいっているのは、史料上の根拠もとぼしく、解釈の仕方にも問題がある。

しかし私は、むしろ大嘗祭の本義・本質を見定めようとする時に、ひたすら天皇がなされる神事の次第《しだい》や所作《しょさ》ばかりに関心を集中する姿勢じたいに疑いをもつ。大嘗祭の全般的・構造的な把握をふまえて、その中における天皇の神事の意味をとらえかえすという手順が必要なのだ。

もちろんこれは、いうはやすくして行うはなかなか困難である。しかし、「部分」をいくらよせあつめても、有機的な「全体」にはならない。「部分」の固有な意味も、「全体」からの照射によってはじめて、しっかりとした輪郭《りんかく》を与えられるものだろう。

たとえ作業仮説の域をでないものであっても、大嘗祭の全体像への見通しをたてることがまずは、求められているのではないか。

私は自分の非力を十分自覚している。それでも蛮勇を鼓舞し、大胆に大嘗祭の全体像の素描《デッサン》をあらあらと描いてみよう。

悠紀・主基卜定《ぼくじょう》から御禊《ごけい》へ――アウトライン（1）

まず予備的に、大嘗祭にはどんなことが行われるのか、その梗概《アウトライン》をみておこう（ただし、この章ではもっぱら古儀を問題にする。したがっておもな典拠は『儀式』と『延喜式《えんぎしき》』。月日は旧暦《きゅうれき》による）。

（一）そもそも大嘗祭はいつ行われる原則だったのか。

先帝《せんてい》から皇位をゆずられて即位された場合、その即位が七月以前だった時はその年の十一月、八月以後なら翌年の十一月に行うのが原則だ。このように〝譲位〟による即位が本来、皇位継承の標準的な形だった。

なぜ七月以前と八月以後で行う年がちがってくるのか。八月以後に即位された場合だと、これから述べる大嘗祭の諸行事をとどこおりなくすませるのはとても無理だからだ。とくに八月・九月が稲の収穫期だったことが大きな理由だ

次に、先帝の崩御《ほうぎょ》をうけて皇位をつがれた場合はどうか。この時は一年間、延期されることになる（『北山抄《ほくざんしょう》』）。

この一年延期というのは、たとえば諒闇《りょうあん》（天皇の一年間の喪《も》の期間）中の八月に即位された場合、どうなるか。満一カ年たつと、先の八月以後に該当するから、さらにその翌年になる、ということではない。実例をみると、ちゃんとその年（即位の翌年）に行われている（宇多《うだ》天皇・花園《はなぞの》天皇の例など）。

（二）悠紀・主基両地方の「国《くに》」と「郡《ぐん》」の卜定《ぼくじょう》。

大嘗祭を行うべき年、まず大嘗祭の重大な奉仕基盤となる悠紀・主基両地方をどこの国《くに》にするか、また天皇の神事にもちいる神聖な稲をたてまつらせるための百姓《おおみたから》（公民）の耕作田

をどこの郡《ぐん》から選ぶか、それぞれ国と郡をうらないによってきめる（これを卜定という）。

この行事の中心は、議政官である大臣。

これを行う時期は、だいたい二月から九月までのいずれかの月（一条兼良《いちじょうかねら》『御代始抄《みよはじめしょう》』）。実例をみると、四月に行われている例が多い。

ちなみに田植えの時期は、『清良記《せいりょうき》』によれば早稲《わせ》が四月はじめから二十日ころまで。中《なか》稲《て》が四月末、晩稲《おくて》が五月の中ごろだった。

(三) 検校と行事《けんぎょうぎょうじ》の任命。

大嘗祭を行うにあたっては、朝廷に行事所《ぎょうじどころ》が設けられる。いわば大嘗祭執行のためのプロジェクト・チームだ。

行事所は悠紀所・主基所にわかれる。

その事務一切を監督するのが検校。長官クラスだ。議政官たる大納言《だいなごん》・中納言《ちゅうなごん》・参議《さんぎ》の計三名が、悠紀所と主基所にそれぞれあてられる（よって検校は合計六名）。

その下で実際の運営にあたるのが行事。事務官クラスだ。太政官《だいじょうかん》の事務官僚である弁《べん》・史《し》や八省の官人ら十六名ずつが任じられた（合計三十二名）。

行事所には、さらにさまざまな専門の事務を分掌するチームがおかれた（出納《すいのう》所・斎場《さいじょう》預《あずかり》・小忌《おみ》所・細工《さいく》所……など）。

行事所が史料にみえる最初は弘仁《こうにん》十四年（八二三年）だ（『類聚国史《るいじゅうこくし》』）。設置の時期は三月・四月・五月・八月などまちまちだが、四月の例が多く目につく。

（四）八月、大祓使《おおはらえのつかい》を派遣する。

まず、八月上旬に全国に大祓使を派遣して、清めのための大祓を行う。使いはみやこの左京・右京に一人ずつ、畿内《きない》に一人、その他の地方（七道《しちどう》）に七人。下旬にも祓使をつかわす。この時は、左京・右京に一人ずつ、畿内に一人、近江《おうみ》・伊賀《いが》・伊勢《いせ》の国に一人（『延喜式』では伊賀はなし）。

八月末日には中央の諸司の役人があつまって、例年六月・十二月の末に行っているのと同じ形で大祓を行う（以後十一月末まで毎月、月末に大祓）。

〝清浄さ〟をきびしく求めているのだ。

（五）天神地祇《てんじんちぎ》に幣帛《へいはく》をたてまつる使いを派遣する。

大祓使が出発すると、つづいて全国の官社《かんしゃ》の祭神《さいじん》に幣帛《へいはく》をたてまつる使いがつかわされる。伊勢神宮へは例年の神嘗祭《かんなめさい》のごとく鄭重《ていちょう》な使者がたつ。他は畿内に一人、諸地方に七人。

（六）神へのお供えに使う容器のたぐいを諸国につくらせる。

八月上旬に宮内省の史生《ししょう》（四等官の下の事務官吏）三人を河内《かわち》・和泉《いずみ》（今の大阪府）・尾張《おわり》・参河《みかわ》（愛知県）・備前《びぜん》（岡山県）に派遣して、さまざまな供神《くしん》の容器類（須恵器《すえき》）の製造を監督させる。

（七）八月上旬、抜穂使《ぬきほのつかい》を悠紀・主基両地方に派遣する。

在地での稲の収穫を監督する使いだ。悠紀と主基に二人ずつ、合計四人。この使いにはもっぱらうらないの術にすぐれた卜部《うらべ》があてられ、その中の一人は卜部の長である宮主《みやじ》が任命された（二人の使いの一人を「稲実卜部《いなのみのうらべ》」、もう一人を「祢宜《ねぎ》卜部」と呼ぶ）。

地元につくと、まず奉仕がきめられている斎郡《さいぐん》（神聖とみなされた郡）で大祓をする。ひきつづき、天皇の神事のための稲をたてまつる田んぼ（斎田《さいでん》、「大田《おおた》」と呼ぶ）とそこで奉仕する者たちを、うらないできめる。その人数は一方の地方だけで十五人（『儀式』）もしくは十二人（『延喜式』）。

この地元の奉仕者の中心が郡司の未婚のむすめで、うらないに合った者が選ばれる〝造酒《さか》童女《つこ》〟（造酒児）であったことは、まえに述べた。

その次に重要な役目をになったのは、「稲実公《いなのみのきみ》」と呼ばれる男性の奉仕者だ。どのような者がこの任についたかはっきりしない。〝翁《おきな》〟（年をとった男）だったという史料もある（『御堂《みどう》関白記《かんぱくき》』など）。

地元での奉仕のために斎場《さいじょう》もつくられた。

斎場には八柱《はしら》の神々（御膳八神《みけのはっしん》＝御歳神《みとしのかみ》・高御魂神《たかみむすび》・庭高日神《にわたかつひ》・大御食神《おおみけ》・大宮女神《おおみやのめ》・事代主神《ことしろぬし》・阿《あ》須《す》波《は》神・波《は》比《ひ》伎《き》神）がまつられた。この神に奉仕するのは使いの二人の卜部だ。

（八）九月上旬、神服《かんはとり》使を参河《みかわ》国に派遣する。

神服社《のやしろ》（今の大阪府高槻市宮之川原元町二―二五に鎮座する神服神社《しんぷくじんじゃ》）の神主《かんぬし》一人を参河国につかわして、同神社に付属していた地元の民の中から奉仕者（十人）をうらないできめる（この十人は当国の神服部《かんはとりべ》がたてまつる調糸《つきのいと》をもって、十月上旬に使いにしたがって上京。繒服《にぎたえ》をつくる）。

（九）九月上旬、由加物《ゆかもの》使（神祇官の卜部三人）を紀伊《きい》（和歌山県）・淡路《あわじ》（兵庫県）・阿波《あわ》（徳島県）の三国に派遣する。

由加物というのは、鰒《あわび》・年魚《あゆ》・螺《つび》・細螺《しだたみ》・棘甲蠃《うに》などの魚介類や、蒜英《ひるのは》根《ね》合漬《あわせづけ》・乾羊蹄《ほししぶくさ》・蹲鴟《いえのいも》・橘子《たちばな》などからなる御贄《みにえ》のことだ。

大嘗祭の神事で稲とともにたてまつられる。

これらをたてまつる者は、紀伊なら賀多《かた》郡の海女《あま》、阿波なら麻殖《おえ》郡の忌部《いんべ》氏と那賀《なか》郡の海女ときまっていた。

ただし、淡路からは瓫《ほとぎ》・比良加《ひらか》・坩《つぼ》など容器がたてまつられ、御贄の献上はない。

また、阿波（忌部氏）は、麁布《あらたえ》（織り目のあらい麻布《あさぬの》）もたてまつっている。

（十）九月、悠紀・主基両地方で抜穂を行い、同月下旬、斎田の稲がみやこに到着。

抜穂（収穫。稲を刈らず抜く）の時は、造酒童女がまず手をくだす。最初の四束《つか》の稲が神事でのお供えとされる。他は白酒《しろき》・黒酒《くろき》の材料にする。うらないで選ばれた奉仕者のあとで、「庶民《しょみん》」がともに収穫にあたることになっていた（『延喜式』）。

この斎田の稲（撰子稲《えりこのいね》）をみやこに運ぶ行列は、国司、郡司、斎田で奉仕した造酒童女以下の者、荷をかつぐ人夫（三百人）、警備にあたる地元名族の子弟などで構成された。斎田の稲は辛櫃《からひつ》や竹籠《たけかご》に収め、木綿《ゆう》をつけた榊《さかき》をさして肩にかついで運んだ。〝神〟に近い扱いだろうか。

造酒童女は輿《こし》にのって上京した。こちらも他の者とは区別された神聖な存在とされていたことがわかる。

悠紀・主基両地方がたてまつるのは、神事や白酒・黒酒をつくるのに使う稲だけではない。天皇が節会《せちえ》（宴会）の場で臣下《しんか》にわけ与えるための品々もあった。雑魚鮨《ざこのすし》・肴《さかな》・菓《くだもの》・飯《いい》・酒《さけ》・雑魚《ざこ》・菜《な》などおびただしい量だ。これを「多米都物《ためつもの》」と呼んだ。

みやこに着くと稲などを権屋《かりや》にとりあえずおさめて、みやこの斎場（内院《ないいん》）をつくりにかかる（場所は平安京の北の北野）。

この時も、造酒童女がまず手をつけた。

みやこの斎場の造営も卜部の監督下で、悠紀・主基両地方の民が奉仕したのだ。

（みやこの斎場の場所がうらないできめられるに先だって、神祇官や悠紀・主基の国司、みやこのある山城国〈京都府〉の国司・郡司、行事所のメンバーらが荒見河《あらみかわ》のほとりで祓を行った）

（十一）十月下旬、御禊《ごけい》をなさる。

天皇おんみずから神事に先だって川原におでましになって、みそぎをなされる。

御禊の装束司《しょうぞくし》（長官《かみ》一人・次官《すけ》一人・判官《じょう》二人・主典《さかん》二人）と次第《しだい》司（御前《みさきの》長官一人・次官一人・判官二人・主典二人、御後《みしりえ》長官以下うえに同じ）を任命して行う。きわめて大規模な行事だ。

この御禊のさいの行幸《ぎょうこう》（おでまし）には皇太子・大臣以下二官八省の官人たちが（刑罰《けいばつ》にかかわる刑部省《ぎょうぶしょう》をのぞき）おおぜいつきしたがった。『儀式』の規定では警備のものたちもふくめ、じつに千五百人以上にものぼる大行列になる。

みそぎをされるのは（近江国《おうみのくに》の大津《おおつ》に行幸されたような例もあったが）だいたい平安京の東を流れる鴨川《かもがわ》に固定する。

ただし御禊の行幸が史料にはじめてみえるのは、平安遷都《せんと》後、はじめて大嘗祭をなされた平城《へいぜい》天皇の時。奈良時代以前には御禊行幸が行われた形跡《けいせき》はない。

(十二)十一月一日より〝ものいみ〟の期間に入る。

『弘仁式』の規定では大嘗祭は「大祀《たいし》」だった。よって、その〝ものいみ（斎戒《さいかい》）〟の期間は一カ月。神事が行われる十一月いっぱいがものいみの期間だ。

この一カ月間は中央のすべての役所はもちろん、みやこと畿内の五カ国もいっせいにものいみすることになっていた。

大嘗祭の神事があるのは、新嘗祭と同じく二回目の〝卯日《うのひ》〟。なぜ二回目かといえば、一回目の卯日（上卯日《かみのうのひ》）は、畿内《きない》などの神社の恒例の収穫祭だった相嘗祭《あいなめさい》の祭日《さいじつ》だったからだ。

この大嘗祭の神事の日とその前日の鎮魂祭《ちんこんさい》の日、さらにその前日の三日間は、それまでの斎戒（散斎《さんさい》）にくらべ、とくに厳重なものいみ（致斎《ちさい》）の期間だった。

ちなみに、大嘗祭の散斎期間が一カ月になったのは、平城天皇の時からだ。それ以前はじつに三カ月のものいみが行われていた（『類聚国史《るいじゅうこくし》』）。

三カ月というと、九月・十月・十一月。伊勢神宮で最も大切な収穫祭、神嘗祭《かんなめさい》が行われる九月もふくみこんでいる。

つまり神嘗祭・相嘗祭が、すべて大嘗祭のものいみの期間につつみこまれることになる。

また、八月に大祓使がつかわされたり諸司の大祓が行われたりしているのは、ほんらい九月からものいみに入る前提としてなされたと考えることもできる。

大嘗宮《だいじょうきゅう》造営と神事当日──アウトライン（2）

（十三）神事に先だつ七日、大嘗宮をつくりはじめる。

大嘗宮は、みやこの中心的施設である朝堂院《ちょうどういん》の中につくる。

朝堂院は、即位式や外国（蕃国《ばんこく》）の使いが外交文書をたてまつる儀式、年のはじめに天皇が百官《ひゃっかん》の拝賀《はいが》をうける儀式（朝賀《ちょうが》の儀）など、最も国家的な儀式が行われる〝場〟だ。

大嘗祭がこのような〝国家的な〟場で行われること自体、〝内廷的〟な空間（神嘉殿《しんかでん》）で行われる新嘗祭との対照性をきわだたせている。

厳密な意味での朝堂院がたてられたのは平安のみやこにうつってからだ（今泉隆雄氏）。しかし、平城宮《へいじょうきゅう》にも朝堂院にあたる施設はあった。その遺構《いこう》は二つ検出され、これを「第一次」朝堂院・「第二次」朝堂院と呼ぶのが一般的だ（奈良国立文化財研究所『平城宮発掘調査報告』Ⅰ他）。今泉氏は両遺構の並存を想定して、「中央区」「東区」といういい方をされている。

その東区朝堂（院）跡から、奈良時代の大嘗宮の遺構がみつかった（『昭和六十年度平城宮跡発掘調査部発掘調査概報』）。元正《げんしょう》天皇・聖武《しょうむ》天皇・称徳《しょうとく》天皇の三代の大嘗宮跡だという（今泉氏）。

奈良時代の他の天皇は、孝謙《こうけん》天皇おひとりを例外として、みな太政官院《だいじょうかんいん》で大嘗祭を行われている（『続日本紀《しょくにほんぎ》』。淳仁《じゅんにん》天皇の〝乾政官院《けんせいかんいん》〟はもちろん太政官院のこと）。

そうすると、奈良時代ではだいたい朝堂（院）か太政官院に大嘗宮をたてるのが通例だったといえる。
大嘗祭が朝堂（院）で行われる場合はもちろん、国政の最高機関である太政官の官衙《かんが》区域の中で行われることじたい、平安時代の朝堂院に大嘗宮をつくるあり方と共通する。もともと朝堂（院）じたい、たんなる儀式の場でなく「本来朝政《ちょうせい》（国政）の場であった」のだ（岸俊男氏）。

（『続日本紀』に太政官院とあるのは、あるいは朝堂〈院〉の別名ではなかったかと疑う余地もある）

大嘗宮は正殿《しょうでん》である悠紀殿・主基殿、御厠《みかわや》、膳屋《かしわや》、臼屋《うすや》、神服《かんみその》柏棚《かしわだな》などからなる（図を参照）。いずれも黒木《くろき》（皮を削っていない丸木《まるき》の材木）をもって、ごく簡単にかまえつくった原始さながらの建物だ（屋根は青草《あおがや》でふく。天井板のかわりにむしろをはって承塵《なげし》とする。壁は塗壁《ぬりかべ》でなく草を中にして表と裏にむしろをあてたもの。建物の内部は地面の上にたばねた草を敷き、その上に竹の簀子《すのこ》、さらにその上にむしろを敷きかさねて床《ゆか》とした）。簡素・素朴の極みというべきだろう。

この造営に際しても造酒童女がまず手をくだし、悠紀・主基両地方の民が奉仕した。

大嘗宮に付属する廻立殿《かいりゅうでん》は、宮内省に付属する木工寮《もくりょう》がつくった。廻立殿は厳密には大嘗宮と区別すべきものだ。

『古語拾遺《こごしゅうい》』は「神殿《みあらか》・帝殿《おおとの》」をつくる時、まず忌部が手をくだすのが本来だったのに、こんにちでは「大嘗の由紀《ゆき》・主基の宮をつくる時に、皆斎部《いんべ》を預《あずか》らしめず」と主張している。これをこのまま信用してよろしいか、どうか。

平城宮東区朝堂（院）跡からみつかった大嘗宮の遺構
（奈良国立文化財研究所提供）

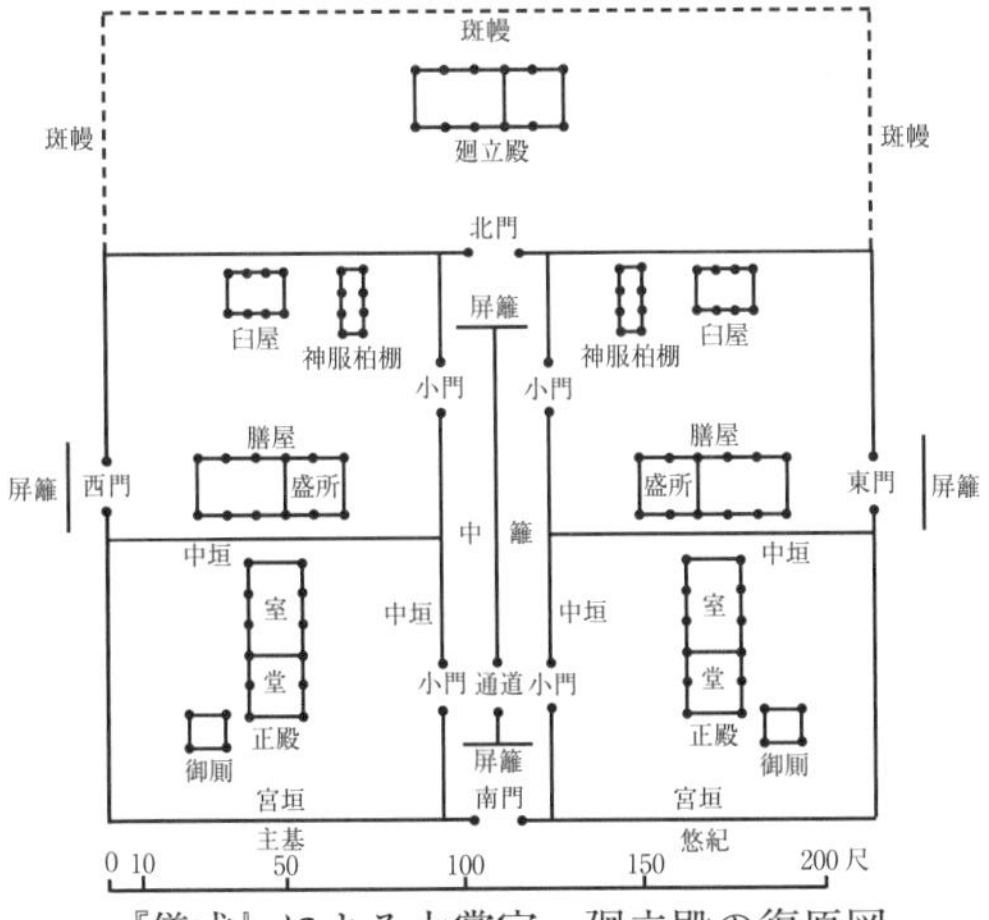

『儀式』による大嘗宮・廻立殿の復原図
（関野克氏・川出清彦氏の考証をもとに池浩三氏作成）

期間はわずか五日間でつくりおえた。大嘗祭の神事の三日前、つまり致斎の期間に入る前日には完成したのだ。

（十四）神事当日（卯日）、供え物を運ぶ大行列。

まず明け方に神祇官で新嘗祭の時と同様に、幣帛を諸社の神職にわけ与える行事がある。

午前十時（巳《み》の刻）になると、北野の斎場から神事に使う稲、白酒・黒酒、御贄（由加物）、繒服などがそれぞれ籠や辛櫃におさめられて、運びだされる。『儀式』の規定によれば、この北野の斎場から大嘗宮へむかう大行列に奉仕する人数は、約五千人にもおよんだ。

平安時代中期のわが国の人口は、だいたい六百四十万人という（鬼頭宏氏）。そうすると現在の総人口の約二十分の一くらいだったことになる。したがって、当時の五千人というのは、今でいえばその二十倍、じつにおよそ十万人規模の奉仕者数だったことになる。

この行列には「標《ひょう》の山《やま》」（山の形をかたどった模型で、木綿《ゆう》をつけた榊《さかき》を植えたり、日像《にちぞう》や半月像《はんげつ》などをかざった）がひかれた。稲は黒木の輿《こし》にのせてかついだ。

造酒童女は、ものいみのしるしとしては日蔭《ひかげのかづら》蔓をつけ、白木《しらき》（あら皮を除き白く削ったままで、何もぬっていない木）の輿にのって稲の輿の前をすすむ。行列の参加者の中で輿にのるのは、造酒童女だけだ。やはり特別な存在だった。

行列は悠紀方と主基方にわかれてみやこの大通りをすすむ。行列の前半は神事にそなえる

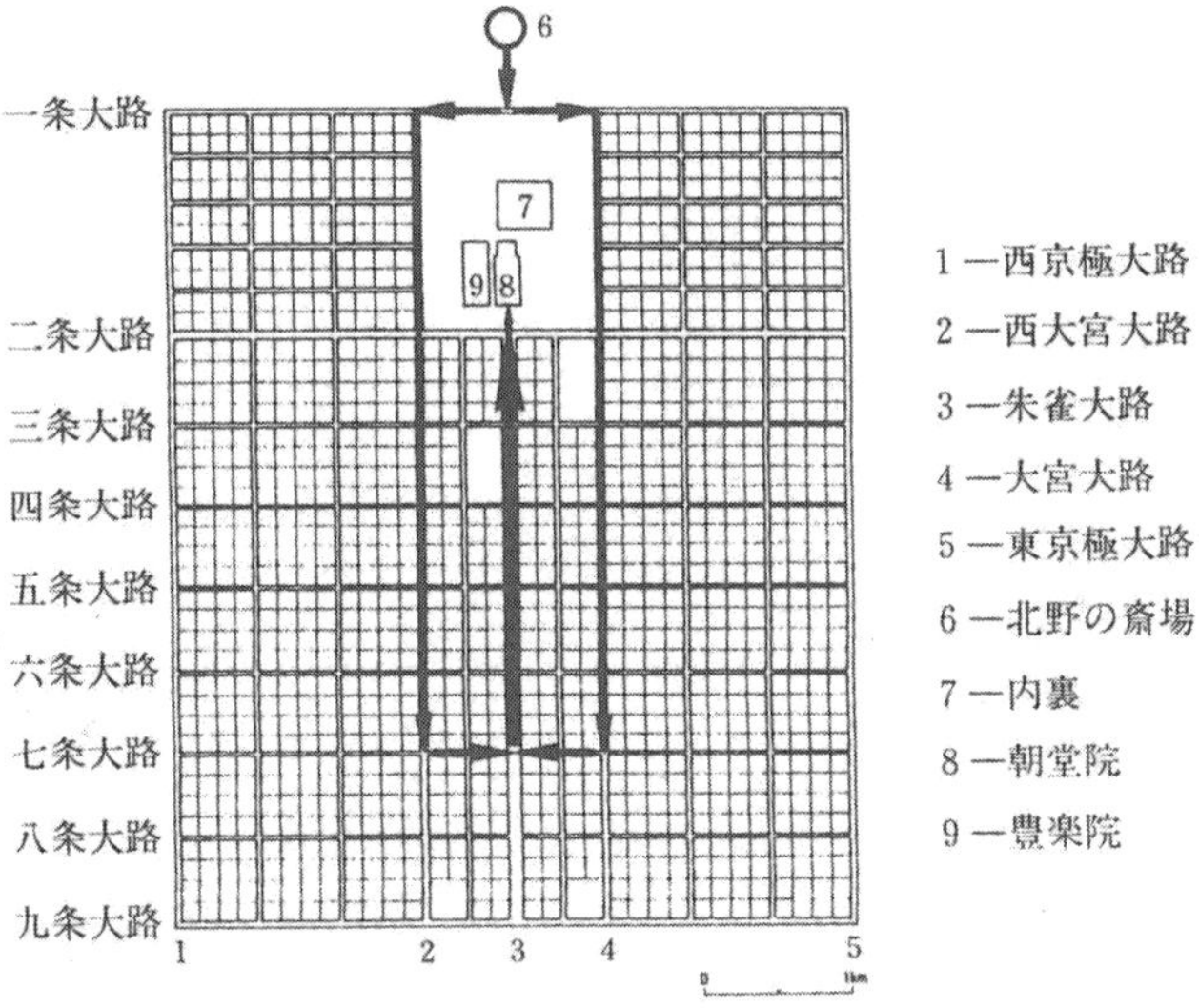

神事の供え物等を北野の斎場から朝堂院へ運びこむ大行列の行路図
（平安京）

品々やそれをもる容器、調理に必要な用具などで（すべてに榊をさした）、後半は〝多米都物〞だった（前半部のおもな順番は、繒服―〔麁服〕―標の山―稲―黒酒・白酒―由加物―用具類。なお、麁服は神祇官から運びだされて合流した）。

そのすすむ道は、平安京で宮城《きゅうじょう》（大《だい》内裏《り》）の東に接して通る大宮大路《おおみやおおじ》を悠紀、西側の西《にし》大宮大路を主基の行列が南にくだり、七条《しちじょう》大路とぶつかったところで、この路をそれぞれ朱雀《すざく》大路にむかってすすむ。朱雀大路にでたところで二つの行列が合流、悠紀が宮城からみて左、主基が右に二列にならんで北にのぼって朱雀門にたどりつく（図を参照）。そのさまはまことに壮観だったろう。

行列は、朱雀門に午後二時（未の刻《ひつじ》）までには到着することになっていた。それから朝堂院内の大嘗宮へむかう。そのさい標の山と多米都物は、応天門《おうてんもん》をくぐったところでとどめられる（ただし標の山がさらに会昌門《かいしょう》の中まで入ったことを示す史料もある）。繒服・麁服は正殿におさめられ、悠紀・主基両地方のたてまつりものはまず膳屋に運ばれる。

（十五）天皇が悠紀殿にお入り。

こうして神事の稲がつきはじめられる。例によって、まず造酒童女がつく。つづいて、同じく斎田からずっと奉仕してきている酒波《さかなみ》（女性）以下が稲春歌《いなつきうた》をうたいながら、手をかえずにつく。

つきおわると内膳司《ないぜんし》の伴造《とものみやつこ》（膳部《かしわで》）が御飯《おんいい》をたく。御飯はととのえられた他の神饌とともに膳屋の盛殿《もりどの》に準備される。これらは「御膳《おもの》」と呼ばれた。

午後六時頃（酉の刻《とり》）になると、そちこちの明り（燈《ともしび》・燎《にわび》）がともされる（このころ日没）。午後八時頃（戌の刻《いぬ》）、きよらかな闇の中を天皇はいよいよ内裏《だいり》をでられ廻立殿に入りたまう。天皇は廻立殿までは輿にのってこられる。

この内裏から廻立殿までの行幸《ぎょうこう》には、うらないで厳重なものいみによるおそば近くでの奉仕をゆるされた〝小忌《おみ》（小斎）〟の親王《しんのう》・納言《なごん》・参議《さんぎ》と、小忌服をきた大臣がつきしたがった（『北山抄《ほくざんしょう》』）。太政官で国政を議する立場にある大臣・納言・参議（公卿《くぎょう》）が、心身をきよめつ

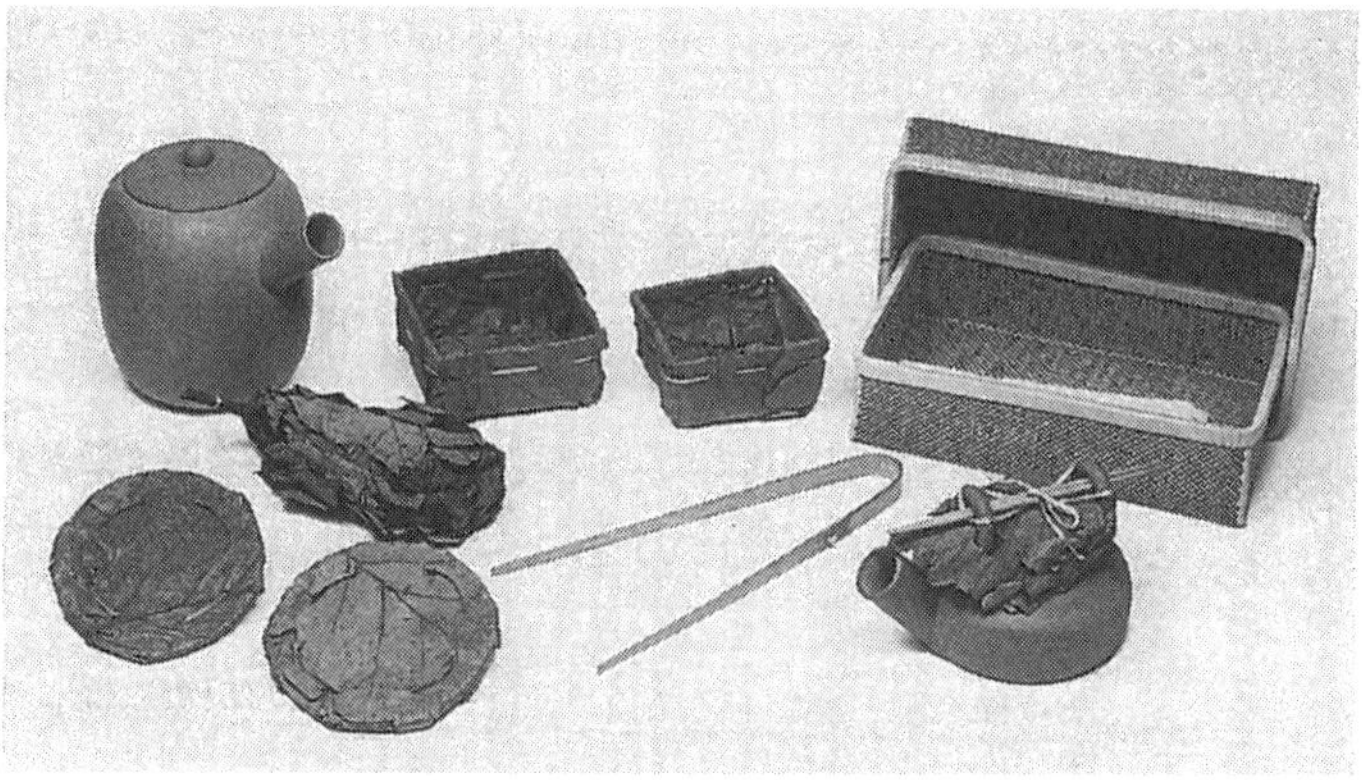

宮中新嘗祭の祭器具
前列左より、枚手・御箸・平据瓶。
後列左より、多志良加・本柏・窪手・葛筥。
大嘗祭の「薦享」の儀は新嘗祭のものと同じ。
（国学院大学博物館）

つしんで供奉《ぐぶ》したのだ。

天皇は廻立殿でお湯を使われる。いちだんと心身を清浄になされ、ここで祭服《さいふく》をおめしになる。ここからが神事の〝本番〟だ。

天皇は廻立殿をでられると、悠紀殿にお入りになる。

その通路にはあらかじめ布単《ふたん》（白布）が敷かれている。その上にさらに、天皇のおあゆみにしたがって葉薦《はごも》（真菰《まこも》をあんでつくった目のあらいむしろ）をくりひろげては、あゆまれたあとを巻き上げてゆく。天皇はその葉薦の上をあゆまれる。これによって、天皇おひとりだけがおあゆみになる聖別された〝道〟ができることになる。

この時には小忌服をきた大臣・中臣《なかとみ》・忌部・御巫《みかんなぎ》・猿女《さるめ》らが前行《ぜんこう》して、天皇をおみちびきする。廻立殿までの行幸とはうってかわって、大臣以外はもっぱら由緒《ゆいしょ》ある祭祀《さいし》関係氏族が供奉《ぐぶ》しているのだ。

天皇が悠紀殿にお入りになり、小忌の奉仕者がそれぞれの座につくと、大嘗宮の南門・朝堂院の南門がひらかれる（ただし大嘗宮の区域内には小忌の奉仕者しか入れない）。

（十六）神事のクライマックス。

まず、宮内省の役人にひきいられた吉野の国栖《くず》らが朝堂院に参入し、大嘗宮の南門の外の庭上（東側、つまり悠紀殿よりの位置）にて古風《いにしえぶり》（古くから伝わる歌謡）を奏上《そうじょう》する。

つづいて、国司にひきいられた悠紀地方の歌人《うたびと》が参入、国風《くにぶり》（その国の風俗《ふぞく》歌）を奏上。つぎに伴《とも》・佐伯《さえき》両氏にひきいられた諸国の語部《かたりべ》が参入、古詞《ふるごと》（各地方の古伝承）を奏上。

さらに皇太子・親王たち、大臣以下官人たちが参入し、順序にしたがってならび立つ。

隼人司《はやとのつかさ》にひきいられた隼人が参入、歌舞《うたまい》を行う。

皇太子以下五位以上の者、ひざまずいて八回つづけてうつ拍手《はくしゅ》（八開手《やひらで》）を四度くりかえす。

つぎに六位以下、同じく八開手を四度。

それがおわると安倍《あべ》氏の者がでていって、ひざまずいて宿直する文官・武官の名簿を奏上する。安倍（阿倍《あべ》）氏の奉仕は、おそらく第一回の持統《じとう》天皇の大嘗祭のとき、阿倍（布勢《ふせの》）御《み》主人《ぬし》がこのことに当たったのを踏襲《とうしゅう》しているのだろう。

以上はいうまでもなく、すべて悠紀殿の中におられる天皇に対して行われる儀式だ。

悠紀殿の中は内陣《ないじん》（室《しつ》）と外陣《げじん》（堂《どう》）にわかれ、この時天皇はいまだ外陣に南をむいておいでになる（『健保大祀神饌記《けんぽたいししんせんき》』）。

午後九時頃（亥《い》の一刻）、神事にそなえるめしあがりもの（御膳）をたてまつる。

この時、采女《うねめ》が時刻を天皇にお伝へし、天皇はそれによって内陣にすすまれる（『江家次第《ごうけしだい》』）。内陣の御座《ぎょざ》におつきになった天皇は、まずお手をきよめられる。つづいて采女《うねめ》（陪膳姫《ばいぜんのひめ》―最姫《もひめ》）がたてまつる御膳をおんみずから神にそなえたまう。そなえられたものに、白酒・黒酒をそそがれたのち、今度はやや頭をさげ、拍手、称唯《いしょう》（上位のものに対して「おお」とこたえること）されてご自分の御膳をおめしあがりになる。さいごにもう一度、お手をきよめられる。

この、天皇が御膳を祭神《さいじん》に薦《すす》められ、またおんみずからそれを享《う》けておめしあがりになる神事を、「薦享《せんきょう》」の儀という。大嘗祭の中の「第一の大事《だいじ》」といわれているものだ（『宮主秘《みやじひ》事口伝《じくでん》』）。

午後十時半頃（亥《い》の四刻）、御膳をかたずける。

午後十一時（子《ね》の一刻）からは主基殿の御膳の準備がはじめられる。天皇は悠紀殿から廻立殿へもとと同じようにしておかえりになる。ここで、また湯をお使いになり、祭服をあらためられて主基殿にお入りになる。

主基殿にうつられてからは、大嘗宮南門外の庭上《ていじょう》（今度は西側、主基殿より）でのさまざまな儀式や主基殿内陣での天皇の神事など、悠紀殿と同じように行われている。それらがすべておわって、天皇が最後に廻立殿にお入りになるのは、翌朝の午前五時頃（卯《う》の一刻）。ようやく一帯がしらみはじめるころ。もう一時間ほどすれば、日の出だ。

文献ガイド④

江家次第《ごうけしだい》

『江次第』とも。平安後期の私撰《しせん》儀式書。大江匡房《おおえのまさふさ》著。十二世紀のはじめに成立。二十一巻（現存するものは巻十六・二十一を欠く）。朝廷における恒例・臨時の儀式や作法を記す。巻十四に「大嘗会御禊《だいじょうえごけい》」、巻十五に「大嘗会」を収める。悠紀《ゆき》・主基《すき》国郡卜定《こくぐんぼくじょう》や大嘗宮内での天皇の神事のご所作について詳しい記事がある。先行の私撰儀式書に『西宮記《さいきゅうき》』（源高明《みなもとのたかあきら》著）や『北山抄《ほくざんしょう》』（藤原公任《ふじわらのきんとう》著）などがあり、それぞれ大嘗祭関係記事をのせる。

辰日《たつのひ》・巳日《み》・豊明節会《とよのあかりのせちえ》他——アウトライン（3）

（十七）神事の翌朝（辰日）、大嘗宮をとりこわす。

神事がすべてとどこおりなくおわった翌朝（辰日）午前五時半（〝卯《う》〟の二刻）。大嘗宮を鎮《ちん》祭《さい》。のち、悠紀・主基両地方の民の手でとりこわされた。

みやこの（北野の）斎場の建物も「事畢《ことおわ》らば」とりこわすことになっていた（『延喜式』）。「事畢らば」というのは、具体的にはいつか。『中右記《ちゅうゆうき》』の記事によれば、やはりこの日（辰日）だったようだ。

（十八）豊楽院《ぶらくいん》にて〝神器《じんぎ》〟の献上など。

豊楽院は朝堂院の西側に隣接する国家的な饗宴《きょうえん》のための〝場〟だった。

午前七時半（辰の二刻）、天皇が豊楽殿（豊楽院の正殿）におでましになる。しばし清暑堂《せいしょどう》（豊楽殿の北方にある付属の建物）にとどまられて、まず豊楽殿の悠紀の帳《みちょう》におでまし。皇太子以下親王・もろもろの官人たち、豊楽院に参入。

まず、中臣氏が賢木《さかき》をささげて参入し、「天神の寿詞《あまつかみのよごと》」を奏上。忌部《いんべ》氏は〝神器《じんぎ》〟（神璽《しんじ》の鏡剣）をたてまつった。

天神の寿詞奏上の儀は持統《じとう》天皇の大嘗祭の時からずっと行われているもの。もともと神事の当日に行われるたてまえだったのが、平安遷都後はじめての平城天皇の大嘗祭の時に辰日の行事になったようだ。

奈良時代の「神祇令《じんぎりょう》」の規定には、即位にあたって中臣氏の寿詞奏上があった（〝践祚《せんそ》〟条）。それは持統天皇の時にまで遡《さかのぼ》る。が、桓武《かんむ》天皇の即位の時にはすでに行われなくなっていた（『令集解《りょうのしゅうげ》』に引く『跡記《あとき》』）。

忌部氏の〝神器〟献上ももともと即位当初の行事で（「神祇令」）、大嘗祭にはなかった（『日《に》本書紀《ほんしょき》』・『続日本紀《しょくにほんぎ》』）。それが、桓武《かんむ》天皇の時から、大嘗祭で行われるようになった（『跡記』）。次の平城天皇の大嘗祭からは、寿詞奏上の儀とともに辰日の行事とされる。

しかしこの行事は、桓武天皇・平城天皇・嵯峨《さが》天皇・淳和《じゅんな》天皇の四代の大嘗祭に行われたのみで停止されてしまった（『令集解』に引く『穴記《あなき》』・『貞信公記《ていしんこうき》』・『権記《ごんき》』・『西宮記《さいきゅうき》』・『北山抄』・『江家次第』）。

だから『延喜式』はもちろん、『儀式』の編まれた時代（清和《せいわ》天皇朝）にはもう忌部氏の〝神器〟献上の儀は行われていないのだ。にもかかわらず、両者は大嘗祭にこのことが行われるべきものと規定している。

法的な細則が定めるところと儀式執行の実態とのへだたりを確認できる一例だ（ただし、中臣氏の寿詞奏上は、のちのちまでずっと行われた）。

（十九）辰日節会《たつのひのせちえ》をもよおす。

ついで太政官の弁官《べんかん》が両地方がたてまつる多米都物《ためつもの》の品目《ひんもく》を奏上。皇太子以下が八開手の拝。

大臣・皇太子・親王・公卿ら、豊楽殿にのぼり座につく。五位以上の者は顕陽堂《けんようどう》と承歓堂《じょうかん》、六位以下は観徳堂《かんとく》と明義堂《めいぎ》のそれぞれの座につく。

悠紀地方の別貢物《べちのみつぎもの》（挿頭《かざし》・和琴《わごん》・人給《ひとだまいの》和琴・衾《ふすま》・襖子《おうし》）を運びいれる。

午前九時（巳の一刻）、天皇に御膳をたてまつる。五位以上には饗《あえ》をたまう。小忌以外の奉仕者（大忌《おおみ》）には大膳職《だいぜんしき》が供す。

弁官が両地方の多米都物を諸司にわける。

悠紀地方、当時の鮮味《せんみ》をたてまつる。鮮味とは、その時期の旬《しゅん》の食べ物。

つづいて悠紀地方の風俗《ふぞく》の歌舞。

所司（雅楽寮《ががくりょう》）の楽の奏がある。さいごに別貢物の献上があって、天皇は清暑堂におかえりになる。

午後一時半（未《ひつじ》の二刻）、天皇が主基の帳におでましになって、悠紀の帳の時と同じ次第がくりかえされる（ただし中臣・忌部の奉仕から参列者が座につくまでの部分はのぞく）。

午後六時（酉《とり》の刻）、悠紀地方の国司に禄《ろく》（ほうびもの）をたまう。

（二十）巳日《み》節会。

巳日の午前七時半、天皇が豊楽院におでましになり、豊楽殿の悠紀の帳におつきになる。

午前八時（同三刻）に御膳をおだしする。

芸能として和舞《やまとまい》が奏されるのをのぞき、他は前日とほとんど同じ（中臣・忌部の奏上、多米都物の品目奏上はない）。

午後一時半、主基の帳におでまし。御膳をおそなえしてのち、田舞《たまい》が行われる。他は前日に同じ。

午後六時、主基地方の国司に禄をたまう。

（二十一）豊明節会。

午日《うま》の午前五時（ないし午前六時）、豊楽殿にもうけてあった悠紀・主基の帳をかたづける。その中央に高御座《たかみくら》をもうけ、殿の前の庭上に舞台をかまえる。

午前七時半、天皇が高御座におつきになる。

参列の者がそれぞれ座につくと、まず叙位《じょい》。悠紀・主基両地方の国司をはじめ、奉仕者の中でも功績のあったものに官位をさずけられる。

ついで御膳をたてまつる。皇太子・群臣にも饗を供す。

一献《いっこん》（一度目の酒肴《しゅこう》。二献・三献とつづく）ののち、吉野の国栖が儀鸞門《ぎらんもん》の外で歌笛を奏し、御贄をたてまつる。このあと久米舞《くめ》、吉志舞《きし》、悠紀・主基両地方の歌人・歌女による風俗《ふぞくの》楽《がく》、大歌《おおうた》および五節舞《ごせちのまい》。

皇太子、座を立ちて座後につく。小忌の親王以下五位以上および大忌《おおみ》の親王以下、殿《との》・堂をおりてともに拝舞《はいぶ》。

立歌《たちうた》が奏されたのち、解斎《げざい》（ものいみを解いて平常にもどること）の和舞。まず神服女《め》、次に小忌の侍従《じじゅう》以下。

皇太子以下五位以上に禄をたまう。

（二十二）末日《ひつじ》に神祇官、諸司の六位以下の官人、悠紀・主基両地方の国司・郡司以下の奉仕者に禄をたまう。

この行事では勅使《ちょくし》（天皇のご意思を伝える使い）の参議が宣命《せんみょう》をよみあげる。「神祇斎主《さいしゅ》」（『延喜式』では神祇官の長官と次官）と郡司の長官（大領《だいりょう》）と次官（少領《しょうりょう》）には、とくに馬一匹ずつが加えられた。

また、これとはべつに、勅使の内侍《ないし》（天皇のおそばにつかえる女官《にょかん》）が奉仕者の妻たちに禄をたまう行事がある。

対象となったのは、悠紀・主基両地方の国司の長官以下、斎郡の郡司の長官以下、諸郡の郡司の長官以下、祭儀につかえた神服などのそれぞれの妻たちだ。

同じ女性でも造酒童女以下の斎田の奉仕者や神服女などは、すべて参議からたまわる禄にあずかっている。内侍からの禄にあずかるのは、もっぱら〝妻たち〟ばかりだ。

（二十三）十二月上旬、悠紀・主基両地方の解斎をして在地の斎場を焼きはらう。

祢宜卜部を悠紀・主基両地方につかわして、まず御膳八神をまつり、つづいて解斎の解除《はらえ》を行う。

翌日には斎場のさまざまな建物をすべて焼却した。

このように、ほぼ一カ年近くにおよんだ大嘗祭の諸行事は、すべておわることになる。

以上は私なりに諸史料によって整理し再構成した、古儀の大嘗祭の梗概《アウトライン》だ。

これを予備知識に、いよいよ全体像を俯瞰《ふかん》できる地点へとあゆみをすすめたい。

II　国家の構造性と大嘗祭

統治機構をあげての奉仕

まず大嘗祭には、もっぱら朝廷の中央組織の関与・奉仕のみで行われる行事があった。悠紀《ゆき》・主基《すき》両地方の国《くに》と郡《ぐん》の卜定《ぼくじょう》（アウトラインの〈二〉）と御禊《ごけい》の行幸《ぎょうこう》（同じく〈十一〉）のさいの供奉《ぐぶ》が、その大きなものだ。

国・郡の卜定では、大臣が中心となって奉仕した。この行事については、時代は『儀式』・『延喜式《えんぎしき》』よりくだるが、『北山抄《ほくざんしょう》』や『江家次第《ごうけしだい》』によってそのあらましを知ることができる。それらによれば、この行事は神祇官《じんぎかん》と太政官《だいじょうかん》を構成する三つの部門をあげてのものだったことがわかる。

太政官は、議政局《ぎせいきょく》・外記《げき》局（または少納言《しょうなごん》局）・弁官《べんかん》局の三部門からなる。議政局は国政を審議する最高機関。令制《りょうせい》では太政大臣《だいじん》・左《さ》大臣・右《う》大臣・大納言で構成された。ただし、太政大臣は常におかれるわけではなかった。また『大宝令《たいほうりょう》』施行後まもなく中納言と参議があらたにもうけられる。

外記局（少納言局）は天皇のおそばにつかえ、諸司《しょし》から天皇への上奏《じょうそう》や天皇からの下命《かめい》をつたえた。また、人事行政をつかさどった。天皇の〝秘書〟と朝廷の〝総務〟をかねたような部門。少納言・大外記・少外記・史生《ししょう》からなる。

弁官局は神祇官をふくめ、八省以下国・郡など中央・地方行政の個別的な執行機関の全体を統括した。行政担当部門だ。左・右大弁《だいべん》、左・右中弁、左・右少弁、左・右大史《だいし》、左・右少史、史生からなる。

行事は、紫辰殿《ししんでん》（内裏《だいり》の正殿《せいでん》）の左わきの軒廊《こんろう》で行われた。

この時、大臣以下がこの場にあつまり、神祇官にうらないをさせた。

『江家次第』の卜定記事（治暦《じりゃく》四年〈一〇六八年〉の後三条《ごさんじょう》天皇の大嘗祭の記録をもとにしたものという）によれば、太政官から「大臣」・「参議」（議政局）、「大外記」・「外記」（外記局）、「弁官」（弁官局）などが参加・奉仕していたことがわかる。

卜定の候補地は、大臣みずからその名前を紙に書いた。

じっさいにうらないを奉仕する神祇官からは、「神祇官第一の人四位」つまり神祇伯《はく》（長官）以下が参加した。

悠紀・主基両地方の卜定は、〝二官〟（神祇官と太政官の三部門）をあげての行事だったのだ。

大嘗祭の国家的性格

次に御禊の行幸をみると、こちらは神祇官と太政官にとどまらない。

これに奉仕・供奉する官司をかかげてみよう（『儀式』による）。

まず。神祇官・太政官の二官。

八省からは、中務《なかつかさ》省・式部《しきぶ》省・治部《じぶ》省・民部《みんぶ》省・兵部《ひょうぶ》省・大蔵《おおくら》省・宮内《くない》省の七省。まえにもいったように刑部《ぎょうぶ》省をのぞくすべて。刑罰《けいばつ》にかかわる同省はやはりあえて外《はず》された。

弾正台《だんじょうだい》と春宮坊《とうぐうぼう》。

左・右近衛府《このえふ》、左・右衛門《えもん》府、左・右兵衛《ひょうえ》府の六衛府すべて。

八省に付属する「職《しき》」や「寮」・「司」も、そのほとんどが加わっている。

大舎人寮《おおどねりりょう》・図書《ずしょ》寮・内蔵《くら》寮・縫殿《ぬいどの》寮・陰陽《おんみょう》寮・内匠《たくみ》寮・大学《だいがく》寮・散位《さんい》寮・雅楽《ががく》寮・主計《しゅけい》寮・主税《しゅぜい》寮・隼人司《はやとのつかさ》・鼓吹《つづみふえ》司・木工《もく》寮・大炊《おおい》寮・主殿《とのも》寮・典薬《てんやく》寮・掃部《かもん》寮・内膳司《ないぜんし》・造酒司《さけのつかさ》・采《うね》女《め》司・主水《もいとり》司などだ。

また、その他にもみやこの行政・司法など万般をつかさどった京職《きょうしき》や、それに付属するみやこの交易等をあずかる市司《いちのつかさ》なども奉仕した。

もちろん、こうした奉仕官司の具体的な構成は、官制の変更によって変遷があったはずだ。

だが、さような変遷は、この行事のさいの基本的な奉仕態勢の骨格には関係がない。

これはまさに、中央の統治機構（諸司百官）のほとんどすべてを動員して行われるべき行事とされたのだ。

大嘗祭の中で、もっぱら朝廷のみがかかわる行事。それは、中央統治機構をあげて奉仕すべきものだった。

この事実は、大嘗祭の〝国家的〟性格を端的に示す。

が、それ以上に注目すべきことがある。それは朝廷のみによって行われる行事が（それが中央組織をあげてのものであっても）、大嘗祭の全体からいえば、ごく一部分にすぎないことだ。いいかえれば、大嘗祭の大きな部分は朝廷と地方民の協同、もしくはおもに地方民の奉仕によって支えられている、ということに他ならない。

本書でいう、〝民の大嘗祭〟の範疇《カテゴリー》が提起されねばならない理由が、ここにある。

全階層の結集

古代国家を構成する諸身分は、どのようなものだったのか。

これは、天皇即位のさいの宣命《せんみょう》をみれば、よくわかる。たとえば元明《げんめい》天皇の即位の宣命は、次のように呼びかける。

親王《みこたち》・諸王《おおきみたち》・諸臣《おみたち》・百官人等《もものつかさのひとども》・天下公民《あめのしたのおおみたから》、衆《もろもろ》聞きたまえと宣《の》る。

ここにあらわれる諸身分こそ、古代国家をかたちづくる身分秩序の基本をなすものに他ならない。

親王・諸王は天皇のご兄弟とみ子およびその他の皇族、諸臣、百官人は公卿《くぎょう》以下諸司の官人《かんじん》、天下公民は国家の公的統治のもとにある人民だ。

この他には賤民《せんみん》身分があった。ただし、わが国の賤民は、諸外国のそれと同一には論じられない。

ギリシア・ローマの古典古代社会でのそれは、まったく人格を否定された〝物的存在〟だ。シナの場合は財産所有や生命・身体の法的保証が認められ、「半人半物」のあつかいをうけた。

これに対してわが国では、東大寺以下の諸寺院に所属する奴稗《ぬひ》らがその身分のまま位階《いかい》をさずけられる例がすくなくなかった。

また『養老令《ようりりょうりょう》』の規定では、天皇に対する一律・平等な従属と奉仕の関係を象徴した〝袴《はかま》〟の着用は、賤民の官戸《かんこ》や官奴《かんぬ》にもおよぶものだった。

こうした事実から考えて、わが国にあっては良民と賤民の間に決定的な断絶があったときめてかかることはできない。

ところで、大嘗祭の辰日節会《たつのひのせちえ》のはじめに、中臣《なかとみ》氏が「天神《あまつかみ》の寿詞《よごと》」を奏上したことはすでに述べた。その中に大嘗祭の奉仕者にふれている箇所《かしょ》がある。

天皇《すめら》が朝廷《みかど》に仕《つか》へ奉《まつ》る親王・諸王・諸臣・百官人等・天下四方国《よものくに》の百 姓《おおみたから》

「寿詞」は現在、荒木田守晨《あらきだもりとき》が書き写した天仁《てんにん》元年（一一〇八年）の鳥羽《とば》天皇の大嘗祭の時のもの、藤原頼長《よりなが》の日記『台記《たいき》』の別記《べっき》におさめられた康治《こうじ》元年（一一四二年）の近衛《このえ》天皇の時のもの、『藤波家譜《ふじなみかふ》』の付録にいれられたものなどが知られている（ただし『藤波家譜』のものは、「近世の大嘗祭御再興《ごさいこう》後に一般的な本文例として作成したもの」〔谷省吾氏〕）。

中臣氏の寿詞奏上は、大嘗祭の成立以来、鳥羽天皇や近衛天皇の時代まで断絶することなく行われているから、今に伝わる両天皇の大嘗祭の時の「寿詞」（両者はほぼ同一）はだいたいにおいて古い形をのこしていると考えてよい。

もっとも、右に引用した部分の中、「親王」は『大宝令』からの用語だから、それ以前は「皇子」とでもあったはずだ。

が、それはともかく注意すべきことはべつにある。

ここに、先にみた古代国家の諸身分が網羅《もうら》されていることだ。

しかも、即位の宣命における諸身分への呼びかけが、先の章でふれたように、あくまで観念的・幻想的なものだったのに対し、大嘗祭の場合は、実態として国家における諸身分をつらぬく奉仕が実現されていた。

これを簡単にみておこう。

諸身分の奉仕

まず、親王について。

親王は御禊の行幸のさいに公卿《くぎょう》らとともに供奉した。この時、親王か公卿の中から蓑笠《みのかさ》をもって奉仕する者も選ばれることになっていた。

また、神事《しんじ》の前日（寅日《とらのひ》）、鎮魂祭《ちんこんさい》に先だって奉仕者に斎服《さいふく》（神事の時に着るものいみの服、小忌衣《おみごろも》）を支給する。このさいの支給対象者には「小斎《おみ》の親王」もふくまれている。親王には、より神聖な奉仕にあたる小忌として奉仕する方もおられたのだ。

大嘗宮《だいじょうきゅう》のたてられる朝堂院《ちょうどういん》には、皇太子や親王の座をもうけるための仮屋《かりや》（幄舎《あくしゃ》）もつくられた。

諸王の奉仕で最もはっきりしているのは、八月に天神地祇《てんじんちぎ》への奉幣《ほうべい》が行われる時、伊勢の神宮への奉幣使としてつかわされることだ。

諸臣・百官人の奉仕については、あらためて述べるまでもないだろう。

百姓（公民）の奉仕が実態的なものだったことも、くりかえす必要はないと思う。そもそも神事にそなえる稲じたいが、百姓（公民）の耕作田からたてまつられたのだ。

このように、国家の諸階層を包括した祭儀であることは、大嘗祭のいちじるしい特徴である。

朝廷の毎年恒例の祭りや儀式中には、このようなものはまったくない。

伊勢の神宮で二十年に一度、社殿《しゃでん》をあたらしくたてかえて祭神《さいじん》のおうつりを奉仕する式年《しきねん》遷宮《せんぐう》は、「皇家《こうか》第一の重事《じゅうじ》、神宮無双《むそう》の大営《たいえい》」(『遷宮例文《れいふみ》』)といわれる大祭だ。それでも大嘗祭のような包括性はもたなかった。

「神祇令《じんぎりょう》」に定めるほかの皇位継承儀礼としては、中臣氏の寿詞奏上と忌部《いんべ》氏の〝神器《じんぎ》〟献上を中心とした行事(〝践祚《せんそ》〟条)。それから即位にともなって、すべての官社《かんしゃ》に幣帛《へいはく》をたてまつる行事(〝即位〟条)があった。

また、桓武《かんむ》天皇の皇位継承に際して、あたらしく剣璽《けんじ》の渡御《とぎょ》(践祚の儀)がはじめられた。

そのほかにも皇位継承にともない、一代一度の仁王会《にんのうえ》や八十島祭《やそじまさい》、羅城御贖《らじょうのみあがもの》、一代一度の大神宝《だいしんぽう》、即位潅頂《かんじょう》、一代一度の天曹地府祭《てんそうちふさい》など、時代によりさまざまな儀礼がとり行われていた。

しかし、それらはいずれも、大嘗祭のごとく〝すべての階層〟から奉仕者を結集するようなことはなかった。

大嘗祭だけは国家の諸身分のすべてをつらぬく奉仕態勢をもった。それによって、天皇統治の普遍性を御代《みよ》ごとに再認する意義をにない得たのである。これは大嘗祭が皇位継承儀礼として固有にもつ意味の、大切なひとつだった。

しかも、とくに他の皇位継承にともなうさまざまな儀礼にはみられないのは、地方の民の奉仕が祭儀の骨格をなし、主体となっていることだ。

この点を少し具体的にみてみよう。

地方民のかかわり方は二種類

大嘗祭における地方の民の奉仕は、はっきりふたつの系統にわかれる。

ひとつは、御代ごとにうらないによってあたらしく奉仕する地方が選ばれるたてまえだった悠紀・主基両地方の民《たみ》の奉仕。

もうひとつは、大嘗祭にはかならずいつも奉仕することになっていた諸地方の民の奉仕だ（由加物《ゆかもの》をたてまつる紀伊《きい》・淡路《あわじ》・阿波《あわ》など）。

このふたつは、それぞれ奉仕原理じたいがちがっている。

前者は任意・不特定の民の奉仕。これはすべての民が、天皇の公的な統治のもとにあることを前提とする。

だからそれは、すべての公民の奉仕を代表し象徴するものだ。

一方、後者は特定の民の限定された奉仕。これはのちにあらためてふれる。その奉仕は、朝廷と特定地方との、伝統的・歴史的なつながりを背景とした。

こちらの方は、きめられた民の由緒《ゆいしょ》ある奉仕というべきものだ。

この章では、もっぱら悠紀・主基両地方の民の奉仕を問題とする。というのは、この奉仕こそ、文句なく大嘗祭の骨格をかたちづくるものだからだ。他の諸地方の奉仕については、あとから（第五章で）独自の課題として検討する。

悠紀・主基両地方の民による奉仕

両地方の奉仕についてみる場合、その中心が神事にそなえる稲をたてまつることだったことは、いうまでもない。

にもかかわらず、その奉仕の起点はかならずしも、播種《はしゅ》（苗床《なえどこ》に種をまくこと）や田植えの時点ではなかった。これは無視できない点だ。

先にも参照した『清良記《せいりょうき》』によれば、播種の時期は早稲《わせ》が二月の春分《しゅんぶん》のころ、中稲《なかて》が三月のはじめ、晩稲《おくて》が三月中ごろ。

史料で知られるかぎり二・三月に悠紀《ゆき》・主基《すき》両地方の卜定《ぼくじょう》が行われたのは、平城《へいぜい》天皇・花《か》山《ざん》天皇（二月）、仁明《にんみょう》天皇・光孝《こうこう》天皇・冷泉《れいぜい》天皇・円融《えんゆう》天皇（三月）などわずかだ。

しかも、「七月以前」に即位された場合は、その年のうちに大嘗祭を斎行する原則だった。だから、六月・七月に即位があれば、当然両地方の卜定は田植えがすんだあとになる（晩稲でも田植えは五月中ごろ）。

悠紀・主基両地方に中央から使いがつかわされるのは、すでにいったごとく八月上旬。その使いは、文字通り「抜穂《ぬきほ》」（収穫）の使いだった。「大嘗祭における稲作行事は収穫から出発する」（倉林正次氏）といっても、いいすぎではない。

両地方の民は、在地で稲の収穫をおえると、こんどは初穂《はつほ》をみやこまで運ぶ。在地の民の田んぼでとれた新穀《しんこく》は、やはり在地の民によって運ばれなければならない。この運搬じたい、大切な奉仕だ。

みやこにつくと北野の斎場《さいじょう》（内院）をつくる。これも両地方の奉仕。

この斎場では神饌《しんせん》や白酒《しろき》・黒酒《くろき》、御贄《みにえ》などをととのえる。

神事に先だって大嘗宮《だいじょうきゅう》をたてるのも、両地方の民の奉仕だった。

いよいよ神事の当日には、北野の斎場から大嘗宮まで初穂や白酒・黒酒を運びこむ。

初穂は、大嘗宮の膳屋《かしわや》で地方の民がつく。これによって稲はもみがらをとりのぞかれ、あとは炊飯《すいはん》するばかりの状態になる。

ここまでが、地方民の奉仕のひとくぎりだ。

もみがらをとりのぞいたあたらしいお米をたてまつること。それが両地方の民の奉仕の第一義だった。

「調理《ちょうり》―供進《きょうしん》」は中央にあってふだんから天皇のおめしあがりものを奉仕している者らが、これにしたがった。

神事に際しては、大嘗宮南門の外の庭上で国風《くにぶり》を奏上するのが、両地方の民が奉仕すべきことだった。

神事がすむと大嘗宮をとりこわす。これも両地方民の奉仕。

辰日《たつのひ》・巳日《みのひ》の節会《せちえ》では、それぞれ悠紀・主基両地方からの献上物（多米都物《ためつもの》）が諸司にわけ与えられた。また小忌の奉仕者の饗《あえ》は、両地方が給した。

両地方は風俗《ふぞく》の歌舞《うたまい》を行い、別貢物《べちのみつぎもの》も献上した。

辰日は悠紀、巳日は主基地方がおのおの中心となって奉仕している。

こうみてくると、大嘗祭の骨組みをなすのが悠紀・主基両地方の民の奉仕（の体系）であったことは、明らかだ。

奉仕の中心は造酒童女《さかつこ》

こころみに、大嘗祭から両地方の奉仕を一切のぞいた姿を想像すればよい。それがもはや大嘗祭といえるものでないことは自明だ。
まさに「神祇令」に、
凡《およ》そ大嘗は、世毎《よごと》に一年、国司事《こと》を行へ。

と規定したとおりだ。

しかも、その奉仕の実態において中心となるのは、中央からの派遣官である「国司」ではなかった。

朝廷からつかわされた抜穂使《ぬきほのつかい》（稲実卜部《いなのみのうらべ》・祢宜卜部《ねぎ》）でもなかった。

それは在地秩序の体現者というべき郡司《ぐんじ》であり、その長官ないし次官の未婚のむすめから、うらないで選ばれた〃聖なる幼女〃としての造酒童女《さかつこ》だった。

造酒童女の奉仕の意味については、宗教学・民俗学・神道学などの立場から、さまざまな研究をすすめることができるだろう。

古代祭祀《さいし》における（たんなる女性でなく）幼女や少女の奉仕の実態（宮中の御巫《みかんなぎ》や伊勢の神宮の物忌《ものいみ》、斎宮《さいぐう》の火炬《ひたき》など）のはばひろい吟味。大嘗祭と神話との対応を性急に語る以前の、それぞれに対するきちんとした構成分析、などなど――。

造酒童女の奉仕をめぐる問題は、まだまだ解明されない部分が大きい。

しかし、不確実な観念論におちいるのをさけるため、ここではこれ以上たちいらないことにする。

ただ、これまでの本書の文脈《コンテキスト》から、次の点は指摘しておいてよいだろう。

それは、在地の共同体をあげての（造酒童女の聖性に着目していえば、共同体秩序の聖―俗をつつみこんだ）奉仕を象徴し表示するものであった、と。

国家の構造性を包摂する祭儀

大嘗祭は国家の統治機構のすべてをかたむけ、全階層を結集して奉仕されるべき祭儀であった。そして、その骨格をなすものは悠紀・主基に選ばれた地方の公民の、共同体をあげての奉仕だった。

これまでみてきたことをまとめていえば、こうなるだろう。天皇と在地の民（百姓・公民）。これが国家を構成する二つの極だ。この両者間に、機構的には二官八省から国司・郡司にいたる中央―地方の統治組織、人的には親王・諸王・諸臣・百官などの諸身分が介在する。大嘗祭はそれらのすべてを、ひとくくりにつつみこんでしまう祭儀だ。

これは、他の皇位継承にかかわるいかなる儀式にもみられない、大嘗祭だけの特徴だ。もちろん毎年行われる新嘗祭には、こんなことはない。

大嘗祭。それは機構的にも人的にも、国家の構造性の全体を包摂《ほうせつ》し得る祭儀だった。大嘗祭の皇位継承儀礼としての意義については、この点をしっかりおさえておく必要がある。

ところで、国家は機構的・人的な構造性のみで存立できるものではない。その「構造」を支え、意味づける歴史性が不可欠なのだ。

次には、国家の歴史性と大嘗祭の関連について考える。あるいは、大嘗祭に内在する国家の来歴について――。

第五章

歴史をつつみ込む大嘗祭

I　国家の歴史性と大嘗祭

由加物《ゆかもの》を献上する国々

大嘗祭に奉仕する地方民は、悠紀《ゆき》・主基《すき》両地方の公民ばかりではない。悠紀・主基両地方が、大嘗祭のたびごとにあたらしくうらないで選ばれる原則だったのに対し、いつも奉仕する諸地方があったのだ。

従来、ややもすれば、悠紀・主基両地方の奉仕のみが注目される傾向がつよかった。それはそれなりに理由のあることだ。が、その他の諸地方の奉仕にも大切な固有の意義がある。これを軽視することはゆるされない。むしろ、大嘗祭における〝非農業民（あるいは非稲作民）〟の奉仕として、十分な注意をはらう必要がある。

これらの諸地方の奉仕は、全国の公民の奉仕を代表して行われたものではない。それぞれ朝廷との特別の由緒《ゆいしょ》・由来《ゆらい》、個別的な関係性を背景とするもの、と考えられる。

その最も顕著な例として、海産物を中心とする御贄《みにえ》など（由加物《ゆかもの》）をたてまつる国々についてみてみよう。紀伊《きい》・淡路《あわじ》・阿波《あわ》の三国だ。

これらの国々は、いずれも古くから朝廷との深い関係があったことを認めることができる。

朝廷と紀伊国

まず紀伊国から。

この国が大嘗祭の時にたてまつる由加物は、薄鰒《うすあわび》・生鰒《いき》・生螺《つび》・都志毛《つじも》・古毛《こも》・螺貝焼塩《つびのやきしお》の六種類。これをたてまつるのは海部郡《あまのこおり》《ぐん》の賀多郷《かたのさと》《ごう》（今の和歌山県和歌山市大字加太）の「潜女《かずきめ》」（海女《あま》）十人、と指定されていた。

海部郡については、『日本書紀《にほんしょき》』の第二十九代・欽明《きんめい》天皇十七年（五五六年）十月の条に、「紀国《きのくに》に海部屯倉《あまのみやけ》を置く」とある。この時に朝廷の直轄領《ちょっかつりょう》（屯倉）がおかれたのだ。『倭名類《わみょうるい》聚鈔《じゅうしょう》』（元和古活字本《げんなこかつじぼん》、『和名抄』と略す）に海部郡の「蜂家《みやけ》」とみえているのがそれだろう。『書紀』の同天皇七年（五四六年）七月の条には、「紀伊国の漁者《あま》」がすでに朝廷に「贄」をたてまつっていたことをうかがわせる記事がある。

紀伊国の朝廷直轄領としてはこれ以前、第二十七代・安閑《あんかん》天皇二年（五三五年）五月に「経湍《ふせ》屯倉」と「河辺《かわべ》屯倉」がおかれている。

さらに遡《さかのぼ》って第十六代・仁徳《にんとく》天皇朝に、皇后が「御綱柏《みつながしわ》」（葉の先がとがって三《みつ》またにわかれた常緑樹〝隠蓑《かくれみの》〟の葉）をとりに紀伊国におでかけになったことが、『古事記《こじき》』と『書紀』にでている。

また、初代・神武《じんむ》天皇の〝東征《とうせい》伝承〟の中に、天皇の皇兄《こうけい》・五瀬命《いつせのみこと》がおなくなりになって、紀伊国の竈山《かまやま》の陵《はか》に葬《ほうむ》った話がある。これも『古事記』と『書紀』に共通した伝承だ。

こうみてくると、朝廷と紀伊国の関係が古く深いものであるのがわかる。

とくに、神武天皇の時代にすでに皇室と関係があったとする伝承が『記』『紀』にのせられていたことは、軽視できない。史実としても、「漁者《あま》」による海産物の御贄の献上は、欽明天皇の時代にはすでに行われていただろう。

もちろん、大化以降も飛鳥・奈良・平安時代を一貫して御贄《みにえ》をおさめている（『書紀』・平《へい》城宮址《じょうきゅうし》出土の木簡《もっかん》・『東大寺要録《とうだいじようろく》』に引く天平勝宝《てんぴょうしょうほう》八年の勅《ちょく》・『延喜式《えんぎしき》』など）。

朝廷と淡路国

次に淡路国について。

この国からたてまつるのは、瓫《ほとぎ》・比良加《ひらか》・壺《つぼ》。御贄ではなく、容器類のみの献上だ。ことにあたったのは御原《みはら》郡（兵庫県旧三原郡）の民。

淡路国が御贄をたてまつっていたことは『延喜式』に規定があり、『万葉集』にも「御食《みけ》つ国」（九三八番歌）とか「御食向《むか》ふ淡路の島」（九五一番歌）などとうたわれている（天平勝宝八年の勅にもある)。

大化前代では第十八代・反正《はんぜい》天皇が「淡路宮《あわじのみや》」(淡路《あわじ》の御井宮《みいのみや》)にお生まれになったという記事が、『書紀』と『新撰姓氏録《しんせんしょうじろく》』にある。この宮の所在地は御原郡のなかだったと考えられている。

『書紀』の第十五代・応神《おうじん》天皇二十二年三月の条には、「淡路の御原の海人《あま》八十人」を天皇がお召しになった記事がある。

同天皇の皇女に「淡路《あわじの》御《み》原《はらの》皇女《ひめみこ》」という方がいらっしゃる。これもこの地と皇室の関係が深いものであることを物語るものだろう。

さらに遡《さかのぼ》る第十四代・仲哀《ちゅうあい》天皇朝に、「淡路屯倉」が定められた(『記』『紀』)。この屯倉は御原郡内の榎列《えなみ》郷(同県旧三原郡三原町)にあったとされる。

最も古いところでは、『古事記』に第三代・安寧《あんねい》天皇のお孫・和知都美命《わちつみのみこと》が「淡道《あわじ》の御井宮」にいらっしゃったという記事がある。

これをそのまま史実と信じてよいかどうかはべつとして、朝廷とこの地の縁故の古さは疑いない。とくに「応神天皇紀」の記事などは、十分尊重すべきものだ。

『延喜式』をみると、御原郡(三原郡)には「大和大国魂神社《やまとおおくにたまのかみのやしろ》」が鎮座している。

『日本文徳《もんとく》天皇実録』によれば、仁寿《にんじゅ》元年(八五一年)に朝廷の幣帛《へいはく》をうける待遇にあずかっているから、これ以前には鎮座していた。

〝大和大国魂神〟というのは、大和国山辺郡《やまのべ》（奈良県天理市新泉）に鎮座する「大和坐《やまとにます》大国魂神社」（大和《おおやまと》神社）の主祭神《しゅさいじん》に他ならない。

しかも、もとは皇祖天照大神《あまてらすおおみかみ》といっしょに宮中でまつられていたとの伝承がある（『書紀』）。朝廷の故地――「大和国の土地の霊威」神だ（三谷栄一氏）。

この神が淡路国の御原郡にまつられているということは、朝廷とかなり深い関係があったことを想像させる。

ついでに申しそえると、淡路国は大嘗祭にあたって、語部《かたりべ》もだすことになっていた。

朝廷と阿波国

最期に阿波国。

阿波国からたてまつるものは、鰒《あわび》・鰒鮨《すし》・細螺《しだたみ》・赫甲蠃《うに》・石花《かき》。これらは那賀郡《なか》（徳島県那賀郡）の潜女十人がととのえる。それから、年魚《あゆ》・蒜英根合漬《ひるのはなねあわせづけ》・乾羊蹄《ほししぶくさ》・蹲鴟《いえのいも》・橘子《たちばな》を麻殖郡《おえ》（同県旧麻植《おえ》郡）の忌部《いんべ》氏がたてまつる。

忌部氏は御贄の他に「忌御服《いみみそ》」の布《ぬの》（麁布《あらたえ》＝麻《あさ》の織物）つまり麁服《あらたえ》の布地もたてまつっている（これは由加物ではない）。

麻殖郡の奉仕については『古語拾遺《こごしゅうい》』に記事がある。

『和名抄』をみると、麻殖部に「忌部」という地名がみえる。ここが阿波の忌部氏の本拠だろう（徳島県旧麻植郡川島町・山川町）。「忌部神社《いんべのかみのやしろ》」も鎮座していた（『延喜式』）。

阿波の忌部氏の朝廷への奉仕がいつまで遡るものか。残念ながらそれをはっきり示す史料はない。令制《りょうせい》下にはじまったものでないことはたしかだから、大化前代《たいかぜんだい》、部民制《べみんせい》が形成される五世紀後半以降のことだ。

那賀郡については、『書紀』の允恭《いんぎょう》天皇十四年九月十二日の条に関連記事がある。それによればこの日、「阿波国の長邑《ながのむら》」の「海人《あま》」が天皇に忠誠あるふるまいをして、結局、一命をおとしてしまったというのだ。この美しい物語については、ここではふれないでおこう。

ただ、この「長邑」がのちの那賀郡で、『書紀』編纂《へんさん》の時代にはこの地の海人が五世紀の大和《やまと》王権にすでに仕えていたと信じられていたことをたしかめておく。『和名抄』に那賀郡の「海部《かいふ》」とみえるのが、海人たちの本拠だろう。

安閑天皇二年（五三五年）の五月には、この国に「春日部《かすかべ》屯倉」が他の国々の屯倉とともにおかれている。『阿波志《し》』によればこの屯倉は、那賀郡内の播羅《はら》郷（徳島県那賀郡旧羽ノ浦町宮倉）にあったという。

ちなみに阿波国には、麻殖・那賀両郡ではないが、美馬《みま》郡に「倭大国玉神大国敷神社《やまとおおくにたまのかみおおくにしきのかみのやしろ》」が鎮座していた。淡路の大和大国魂神社の例とあわせ考えて、興味深い。

この神社の名前に〝大和〟を「倭」と記してあるのは、その鎮座年代と関係するのだろうか。

大和の国名はもと倭《やまと》・大倭《やまと》・大養徳《やまと》などと書かれていたが、「大和」に一定するのは天平宝字《てんぴょうほうじ》元年（七五七年）以降のことだ。

以上、由加物をたてまつる諸地方と朝廷との歴史的な関連を、とくに大化以前に注意してみてきた。それも〝国〟を単位とせず、より限定しておもに〝郡〟とかその下の行政区域の〝郷〟のレベルでながめたのだ。

それが、史料の制約ゆえに大づかみなとらえ方にとどまったにせよ、これらの諸地方が朝廷に対し古くから関係をもち、それぞれの奉仕を行っていたことは信じてよい。つまり大嘗祭における由加物の貢納《こうのう》は、朝廷と特別の由緒ある諸地方の奉仕だった。

これは何を意味するか。

非稲作民の奉仕がになう〝時間の深度〟

まず、由加物の内容を吟味すると、海産物と容器が中心だ。そのことから、これを〝非農業民〟の奉仕とみなすことができる。ただし、阿波の忌部氏のたてまつるものには畑作物《はたさくもつ》がふくまれている。よって、もう少し広く、〝非稲作民〟の奉仕といった方が正確だろう。とにかく、悠紀・主基両地方の民の奉仕がまさに〝稲作民〟の奉仕だったのと、対照的だ。

そしてもうひとつ。悠紀・主基両地方の民の奉仕は、全国の公民の奉仕を代表し象徴する意味をもった。それは、大嘗祭が国家の〝構造性〟の全体を包摂《ほうせつ》し得る祭儀であるための、決定的な条件といってよいものだ。

それに対して、由加物をたてまつる諸地方の奉仕は、国家の〝悠久性《ゆうきゅうせい》〟を象徴する意味をもっていたのではないか。

先にみたように、それらの諸地方はいずれも大化前代《たいかぜんだい》からの奉仕の伝統をになっていた。なかには初代・神武天皇や第三代・安寧天皇の時代のころから、朝廷と関係をもっていたと信じられた地方もある。

そうした諸地方の奉仕は、おのずと国家の来歴の古く遠いのを想起させたにちがいない。古代国家のもとにある〝今の〟民の奉仕でなく、古代国家確立以前の〝昔からの〟民の奉仕。そのことによって、皇位の連続性と国家の歴史性を、民の側から示唆《しさ》するものだったのではないか。

由加物をたてまつる諸地方の奉仕

淡路国からの由加物をみやこへ運ぶ時は、この国の「凡直氏《おおしのあたい》」が引率《いんそつ》することになっていた。凡直氏は大化前代において、大国造《だいこくぞう》として複数の国造らを統轄《とうかつ》したとされる。

これなども、律令国家の国司―郡司の行政ラインから〝はみ出した〟個別的な由緒・来歴

（歴史性）による奉仕だったことを示している。

今まで「大化前代に国造的豪族たちが服属のシンボルとしてそれぞれのクニから貢上《こうじょう》していたものが、形式化されユキ・スキの国郡《こくぐん》の貢物《こうもつ》を以て全国からの献上を象徴せしめるようになった」（岡田精司氏）といった、悠紀・主基両地方の奉仕の原型を安易に大化前代まで遡らせるような見解が、漠然と信じられてきた。

しかし、それは悠紀・主基両地方の奉仕ではなく、むしろ由加物をたてまつる、きめられた諸地方の奉仕についてあてはまるものだ。

うらないで選ばれる悠紀・主基両地方の奉仕と、毎度の奉仕がきめられている諸地方のそれとの〝区別〟が自覚されず、後者の奉仕の固有の意義についてほとんど検討されてこなかった。そのことが、先のような誤解を生む結果になった。

また、その主体を「国造的豪族」と断定してよいかも、検討の余地がある。

淡路の凡直氏は大国造に就任していた可能性があるものの、阿波の忌部氏は典型的な〝部《べ》の民《たみ》〟で、中央の忌部氏の管轄《かんかつ》下にあった。

他の諸地方については、はっきりしない。だが、国造制と「贄の貢納《こうのう》形態とは異質」であるとの指摘がある（角林文雄氏）。

贄の制は大和朝廷による西日本支配がはじまった当初から行なわれていたものという可

能性が強い。（角林氏『日本古代の政治と経済』）

由加物を大嘗祭にたてまつるのは、このような古くからの由来をもつ「贄の制」の伝統を前提としたものだったろう。大和王権確立以来の〝時間の深度〟とでもいうべきものを、それはになった。

なお、由加物をおさめる諸地方に中央から神祇官《じんぎかん》の卜部《うらべ》がつかわされていた。これは悠紀・主基両地方の場合と共通する。いずれも神事《しんじ》の中心となる神饌《しんせん》だったからだ。

これに対し容器類（須恵器《すえき》）をたてまつる諸地方（河内《かわち》・和泉《いずみ》・尾張《おわり》・参河《みかわ》・備前《びぜん》の五カ国）への使いは、宮内省の下級役人（史生《ししょう》）だった。

こちらの方は先の二者と、やや意義を異にする。

それらの諸地方は、時代による盛衰はあるが、それぞれ須恵器の著名な生産地をかかえていた。須恵器の献上国がきめられるについては、そうした現実上の条件によるところが大きい。

国栖と隼人の奉仕

大嘗祭における国家の歴史性の包摂という点では、吉野の国栖《くず》と隼人《はやと》の奉仕を見逃すことはできない。

もちろん、国栖・隼人の奉仕は大嘗祭の時だけではない。

国栖は朝廷の毎年恒例のさまざまな節会《せちえ》で「歌笛《かてき》」「風俗《ふぞく》」を奏上し、「御贄」を献上した（『内裏式《だいりしき》』・『儀式』・『延喜式』・『清涼記《せいりょうき》』）。

隼人は即位や外国の使臣《ししん》をむかえる儀式、毎年の元日朝賀《がんにちちょうが》の儀の時などに奉仕した（『延喜式』）。参加する官人《かんじん》たち（群官）が儀式の場に参入する時に犬吠《いぬぼえ》（犬の遠吠をまねた声）を発した。

おもしろいのは、国栖の歌笛も隼人の犬吠も、外国の使いがいる時には行われなかったことだ。いずれも、わが国の歴史に深く根ざした儀礼だった。

ところで、大嘗祭での国栖と隼人の奉仕には、他の場合と大きな違いがあった。それは、それぞれが朝堂院《ちょうどういん》の中まで入ってきて、「古風《いにしえぶり》」や「風俗の歌舞《うたまい》」を行ったことだ。

国栖の場合、ふつうは儀鸞門《ぎらんもん》（豊楽院《ぶらくいん》の正門）の外において歌笛を奏し御贄を献じた（内裏の儀式の場合はその正門、承明門《しょうめい》の外）。

隼人の奉仕する場所は応天門《おうてん》（朝堂院の正門）の外だった。

いずれも聖別され隔離された儀式・饗宴《きょうえん》の「場」の、〝外〟におかれていたのだ。これは大嘗祭の節会の時も同様だった。

ところが、大嘗祭の神事の時はそうではなかった。

吉野の国栖は宮内省の役人にひきいられて、朝堂院の章徳門《しょうとく》からずっと大嘗祭の南門のそばまで参入《さんにゅう》した。それも悠紀地方の国司や皇太子以下群官《ぐんかん》に先んじて、最初に入っている。そこで古風《いにしえぶり》を奏上したのだ。

隼人の犬吠も応天門の内の朝集堂の前で行われた。さらに語部が古詞を奏上したあとには、隼人も興礼門《こうれい》を入って大嘗宮南門の近くまで参入、風俗の歌舞を行った。これも皇太子以下の八開手《やひらで》の拝に先だって行われた。

これらは、大嘗祭の神事の時〝だけ〟にみられる、まったくの異例だ。

これはどんな意義をもつのか。

国栖の奉仕のはじめ

国栖は大和・吉野川上流の山の民。隼人は日向《ひゅうが》・大隅《おおすみ》・薩摩《さつま》地方の海の民だ。御代《みよ》はじめの神事に、日常的な階層秩序をやぶって、〝異族〟視されていたような海・山の民が天皇のおそば近くまで参上して奉仕を行う。それによって、平素みえにくくなっていた天皇統治の全体性と根源性がうかびあがり、あらためて確認されることになる。

そのような意義が大切なものとしてひとつある。

さらに国栖については、その天皇への帰順・奉仕が歴史の〝はじめ〟にまで遡る、と信じられていたことを無視できない。

『記』『紀』には、国栖が神武天皇の大和平定《へいてい》の際にいちはやく帰服《きふく》した伝承をのせる。『新選姓氏録《しんせんしょうじろく》』の記事はこうだ。

神武天皇が吉野にお出ましになった時、川上で遊んでいる人がいた。天皇がご覧になっていると、たちまち穴に入り、しばらくすると、また穴から出てきて遊んでいる。天皇は人に気づかれないように覗《のぞ》いて、呼びかけて問うと「石穂押別神《いわほおしわくのかみ》の子です」と答えた。この時に〝国栖〟という名を授けた。

ここにあらわれる神武天皇と国栖の始祖《しそ》との出会いは、まことにおだやかな情景だ。とても大和平定のいくさの最中《さなか》とは思えぬ。

私の主観をいえば、『記』『紀』の記しとどめたものよりも、もう一段古い伝承の姿をみる思いがする。

国栖じしんがながい年月、信じ伝えてきた話。

それがかえって時代のくだる書物の記事の中に、片鱗《へんりん》をみせることだってあるだろう。

『記』『紀』には、応神《おうじん》天皇の時代に国栖が天皇に「大御酒《おおみき》」をたてまつったとある。

その時の歌――。

白檮《かし》の生《ふ》に　横臼《よくす》を作り
横臼に　醸《か》みし大御酒《おおみき》
うまらに　聞《き》こしもち飲《お》せ　まろが父《ち》
（樫《かし》の木の林で横に長い臼《うす》を作り、その横臼でかもした大御酒でございます。どうぞおいしく召しあがれ、わが父〈なる天皇〉よ）

この歌は、国栖が毎年恒例の諸節会（新嘗祭の節会もふくむ）で歌笛を奏し御贄を献ずる時にうたうものだった。

国栖は、この歌のおわりに、天皇に対し「まろが父」と親愛の思い深く呼びかけ申し上げている。この一句は、『新選姓氏録』にあらわれた国栖の始祖がなぜかおさな子の姿を思わせるのと、相通うものがある。

天皇と国栖の関係。「まろが父」の一句は、その固有性と特殊性を端的に示すものではないか。

大嘗祭の神事では国栖が誰よりも先んじて朝堂院に参入して、大嘗宮にお入りになった天皇に古風《いにしえぶり》を奏上した。悠紀地方の国風《くにぶり》の奏上さえ、このあとに行われた。それは国栖の奉仕の始原が、はるか古いのに由来したもので、彼らの忠誠にはことさらなものがあっただろう（宮内省の役人にひきいられている点も見逃せない）。

隼人の服属

それにくらべて、隼人の朝廷への服属はごくあたらしい。

「もっとも内属化《ないぞくか》が進行するのは、日本の古代国家が確立したといわれる天武《てんむ》、持統朝《じとうちょう》を契機とした、律令制《りつりょうせい》完成期」（井上辰雄氏）といわれる。

奈良時代になってからも、和銅《わどう》六年（七一三年）・養老《ようろう》四年（七二〇年）と隼人の反乱がつづいている。

『書紀』の「履中《りちゅう》天皇即位前紀」にはやく、「近く習《つか》へまつる隼人」がいたという記事がある。「清寧《せいねい》天皇紀」や「敏達《びだつ》天皇紀」にも、それぞれ隼人の帰服《きふく》を伝える記事がある。五・六世紀の天皇だ。しかし、これらはいずれも、そのまま史実として信じてよいかは疑わしい。

隼人が朝廷で奉仕するようになったのはいつか。

たしかなところでは、『古事記』に「（隼人は）今に至るまでに、その溺《おぼほ》れし時の種々《くさぐさ》の態《わざ》、絶えず仕へまつるぞ」とある。この書が完成した和銅五年（七一二年）には、その奉仕が定着していたのだ。

『続日本紀《しょくにほんぎ》』の養老《ようろう》元年（七一七年）四月の条にはじめて隼人の「風俗歌舞」の記事がみえている。このことから「隼人が宮廷で風俗歌舞を奏することは、奈良朝の初期、養老元年のころに始まった」とする意見がある（次田真幸氏）。

しかし、『古事記』にある「その溺れし時の種々の態」というのは、隼人の舞う姿をいったものに他ならない。風俗歌舞の奉仕じたい、和銅五年以前に遡るとみなければならない。隼人の中から畿内《きない》にまとまって定住する者（畿内隼人）があらわれるのは、天武天皇朝と考えられている。この畿内隼人の成立は、当然彼らの朝廷での奉仕と連繋《リンク》したものだ。よって、この点から考えれば、隼人が朝廷で恒常的な奉仕を行うようになるのは、天武天皇朝からだろう。

とすると、この天皇の御代《みよ》に準備され、次の持統天皇の皇位継承の際に成立した大嘗祭では、すでに隼人の風俗歌舞が行われた可能性がある。

大嘗祭の成立年代とにらみあわせて考えると、隼人は最もあたらしい、服従した民ということになる。ちょうど神武天皇以来の奉仕が信じられていた国栖と、逆だ。

大嘗祭は国家の構造性と歴史性を総括する

大嘗祭の神事の時、大嘗宮南門の外の庭上で行われる行事は、①国栖の古風奏上、②悠紀（または主基）地方の歌人《うたびと》の国風《くにぶり》奏上、③諸地方の語部《かたりべ》の古詞《ふるごと》奏上、④隼人の風俗歌舞、⑤皇太子以下の八開手《やひらで》の拝、がある。

⑤は皇族や貴族による行事で、性格がややちがう。よってこれをべつにすれば、隼人の歌

舞が一番あとになる。

これは、隼人の奉仕のあたらしさに対応しているのではないか。国栖と隼人。彼らはわが古代国家が背負った時間の〝厚み〟を、いかんなく体現する存在だった。この両者によって、諸地方の国風《くにぶり》・古詞《ふるごと》の奏上をはさみこんだ儀礼のあり方は、はなはだ示唆的というべきだ。

かくて大嘗祭における国栖と隼人の奉仕の、もうひとつの意味は明らかだ。それは、大嘗祭につつみこまれた「国家の歴史性」を象徴したものであろう。

国家の機構的・人的な構造。それを支え根拠づけるのは、国家としての来歴であり歴史性だろう。大嘗祭は、その国家の歴史性をも包摂《ほうせつ》したのだ。

そうすると、大嘗祭は国家の構造性と歴史性をふたつながら総括するもの。つまり、「国家」をトータルにつつみこむものだったことになる。あるいは、国家の〝全体性〟をのこりなく体現し得る祭儀だった——といっても同じだ。

私らは、従来漠然と信じられてきた大嘗祭のイメージが、いかにまずしく断片的なものだったかを悟る必要がある。

II　大嘗祭の全体像

全体像としての大嘗祭

国家の構造性と歴史性をトータルにつつみこむ祭儀――それが大嘗祭だった。

大嘗祭は一見、ふつうの農耕儀礼をただ「拡大」しただけのもののように思われてきた。


だがそうではなかった。外形上、農耕儀礼のように思われてきた。全体を総括するには、かならず社会存立の根幹をなす〝稲作〟を祭儀の骨組みとしてすえなければならなかったためだ。


農耕儀礼がたまたま皇位継承儀礼に転化したのではない。皇位継承儀礼が必然的に農耕儀礼をふくみこんだのである。

そして、こころにとどむべきは、大嘗祭が国家の構造性と歴史性の双方をつつみこむという場合、それは具体的には常に〝民の奉仕〟を媒介《ばいかい》としてのみ実現されている点だ。大嘗祭を皇位継承儀礼たらしめる本質的な契機《モメント》は、ここにあったといってもよい。

これまで、大嘗祭は天皇が御代《みよ》はじめに行われる大規模な収穫祭にすぎないもののようにみられることが多かった。

あるいは、もっぱら（空想された）「天皇霊」を継承するだけの〝密室の秘儀〟、といった矮《わい》小化《しょうか》された見方もあんがい広く信じられている。

そこでは民の関与・奉仕の意味は、ほとんどかえりみられない。また、皇位継承儀礼に不可欠な国家的意義についての考察も少なかった。

私は、大嘗祭の本義とか本質は、その〝全体像〟からとらへかえすべきだと考えている。これまで述べてきたのは、私なりの大嘗祭の全体像への模索だ。

その模索の過程で、大嘗祭の国家的性格や民の奉仕が固有にもつ意義の一端について、いくらかは明らかにできたつもりだ。

第六章

大嘗祭のこれまでの歩み——変遷のなかの持続

I　〝古儀《スタンダード》〟の確立

大嘗祭の歴史の時代区分

柳田国男氏が昭和の大嘗祭をひかえて書いた文章に、次のような一節がある。

　けだし世界最大の儀式を伝へ、最古の精神を連綿《れんめん》として持続して来たことは、固《もと》より日本国民の当然の誇りではあるが（略）我々の国家儀式は、如何《いか》なる場合にも決して「保存せられたるもの」では無かつた。必ず時代々々の須要《しゅよう》に基《もとづ》いて、常に活《い》きまた常に成長しつつ、もつて今日におよんだのである。（「京都行幸《ぎょうこう》の日」）

ここで「国家儀式」といっているのは、おもに大嘗祭をさしている。大嘗祭という「世界最大の儀式」は、決して〝保存せられたるもの〟ではないと断言しているのだ。「常に活きまた常に成長しつつ」現代にいたったのである、と。

こんにち、一部の保守的な知識人の中に、大嘗祭の〝文化財〟としての価値を説き、その「保存」の必要を強調する人々をみかける。その人たちが善意ある大嘗祭理解者であることはまちがいない。しかし、大嘗祭が天皇と民の関係性の上に、ふだんに生成するものであることが十分納得されているかは疑問だ。これは、ことの本質にかかわる点だ。

私はそうした知識人たちの言説を、あれこれあげつらうつもりはない。この章では〝保存せられたるもの〟ではなかった、大嘗祭の展開の軌跡をながめればことはたりるのだ。大嘗祭の変容の過程をあとづけること。その中にどのような一貫性を認めることができるのか。

しかし、これまで大嘗祭の沿革の全体を見通すような研究はないようだ。私じしんも調べがいきとどいていない。

だから今は、その歴史の中の、ごくかぎられたポイントをとりあげ、そこをひとまず定点として前後を見定める、といったややあぶなげな方法をとるしかない。

とりあえず、その前提作業として、大嘗祭の歴史の便宜上の時代区分をしておこう。

大嘗祭の画期点

まず、大きくみて第百三代・後土御門《ごつちみかど》天皇の大嘗祭ではっきり区切れることには異論がないだろう。こののち、次の第百四代・後柏原《ごかしわばら》天皇から第百十二代・霊元《れいげん》天皇にいたる九代、二百二十一年の間、大嘗祭が行われなくなるからだ。

後土御門天皇の時以前にも、目につく画期がある。第六十代・醍醐《だいご》天皇の時だ。ここもはっきりしている。これまで、形成期としての天武《てんむ》天皇朝もふくめ、大嘗祭成立以来一貫して行われてきた、祭儀の基盤となる悠紀《ゆき》・主基《すき》両地方のきめ方がかわったのだ。

第五十九代・宇多《うだ》天皇までは、両地方の「国」とその中の「郡」をそれぞれうらないできめるのが原則だった。ところが、次の醍醐天皇の大嘗祭からは、「国」は悠紀が近江《おうみ》、主基が播磨《はりま》か丹波《たんば》か備中《びっちゅう》（第六十四代・円融《えんゆう》天皇からは丹波か備中）に固定し、「郡」だけをうらないできめることになったからだ（『貞信公記《ていしんこうき》』・『西宮記《さいきゅうき》』・『北山抄《ほくざんしょう》』他）。この変更の意味は小さくないと考える。こののち、悠紀・主基両地方の固定化が解消されるのは、じつに明治《めいじ》天皇の大嘗祭の時だ。

少し先走っていえば、第百十三代・東山《ひがしやま》天皇の時に大嘗祭が再興《さいこう》してからこんにちまで、約三百年間が経過し、十四代の天皇が皇位におつきになっている。この間の大嘗祭は第百十四代・中御門《なかみかど》天皇のみ行われていないから、十二回斎行されている（いうまでもなく今上《きんじょう》陛下の大嘗祭は本年十一月で、まだ行われていない）。

この間の画期は明治天皇にもとめなければならない。

これはいろんな点からいえることだが、悠紀・主基両地方のえらび方ひとつからでも決定できる。

ただ、明治天皇の時、悠紀地方がみやこ（東京）より西の山梨県、主基地方がみやこより東の千葉県だったことを異例とする意見がある。もともと、悠紀はみやこの東（京都からいって。例えば近江《おうみ》）、主基は西（同じく例えば丹波《たんば》・備中《びっちゅう》）が通例だったのに、それが逆になっているというのだ。

しかし、第四十八代・称徳《しょうとく》天皇の大嘗祭までは、悠紀・主基ともにみやこより東だったり（文武《もんむ》天皇・称徳天皇）、西だったり（天武《てんむ》天皇・持統《じとう》天皇・聖武《しょうむ》天皇・淳仁《じゅんにん》天皇）しているから、そう根本的な問題ではない。

それよりも、ほんらい全国の公民の奉仕を象徴すべき両地方の国が、特定の地方に固定してしまったことの方が、変更としてははるかに重大だ。明治天皇はそれをあるべき姿にもどされた。

話をもどす。

第六十代・醍醐《だいご》天皇の時代は、古代国家の大きな転換点にあたっていた。それまでの律令的な国家体制の維持が困難となり、これにかわるあたらしい国家体制へのあゆみが、本格的にはじめられる時代。

律令国家から王朝国家とよばれる体制への転機。その時代に大嘗祭もまた、ひとつの画期をむかえた。

大嘗《だいじょう》会役《えやく》の成立

このの ち、いよいよ律令制的な収取《しゅうしゅ》体系によって大嘗祭をとり行うことが困難となる。有力な貴族や神社・寺院の私的な大土地所有がひろく行われるようになって、公領《こうりょう》（おおやけの土地）が圧迫されてしまったためだ。

そこで「大嘗会役」と称する、大嘗祭を支えるあらたな国家的課役《かえき》がはじめられる。この大嘗会役の成立を次の区切りと考えてよいだろう。

ただし、この成立がいつだったのか、もうひとつはっきりしない。『民経記《みんけいき》』にみえる史料（寛喜《かんぎ》三年十月巻裏文書《うらもんじょ》におさめる「近江守《おうみのかみ》某《なにがし》書状《しょじょう》」）によれば、「承暦《じょうりゃく》年中」（一〇七七―一〇八一年）にはすでに成立していたようだ。

伊勢神宮《いせじんぐう》の式年遷宮《しきねんせんぐう》を支える非律令《りつりょう》的・中世的な国家課役である大神宮役夫工米《だいじんぐうやくぶくまい》は、承《じょう》保《ほう》三年（一〇七六年）の内宮《ないくう》遷宮の時から史料にみえている（『中右記《ちゅうゆうき》』）。これなどを照らしあわせて、ひとまず承保元年（一〇七四年）の第七十二代・白河《しらかわ》天皇、ないしその一代前の治《じ》暦《りゃく》四年（一〇六八年）の後三条《ごさんじょう》天皇の大嘗祭のころから、大嘗会役は成立したと想像しておく。

この大嘗会役の実施は、はじめは地方の国司《こくし》のそれぞれの判断にまかせられていた。それが、やがて朝廷そのものの政策として、全国の土地に公領・荘園《しょうえん》を問わずに均一的に段別《たんべつ》（米・

銭）を賦課《ふか》する方式がとられるようになる（国家政策としての大嘗会役の成立）。ここにも、もうひとつの画期をみることができる。

この方式の確立については異説もあるが、平泉隆房氏は「順徳《じゅんとく》天皇建暦《けんりゃく》二年（一二一二年）の大嘗祭の際から」と考えられている。ここでは一応、平泉氏の説にしたがっておく。

順徳天皇の次の第八十五代・仲恭《ちゅうきょう》天皇は、承久《じょうきゅう》の変《へん》（後鳥羽上皇《ごとばじょうこう》が鎌倉幕府の執権《しっけん》、北条義時《ほうじょうよしとき》の討滅をはかって敗れられた事件）の影響によって、大嘗祭をあげられていない。大嘗祭成立以来はじめての例だ。同天皇は即位後三カ月たらずで皇位をしりぞかれ、即位式もなされていない。

こののち、第九十六代・後醍醐《ごだいご》天皇の建武《けんむ》の中興《ちゅうこう》がやぶれ、天皇が吉野に南朝《なんちょう》をたてられてから、いわゆる南北朝時代に入る。

この時代では、神器《じんぎ》を擁する吉野方《がた》の天皇が大嘗祭を行われた形跡《けいせき》をみない。一方、室町幕府が天皇としてたてまつった北朝方の「天皇」は代々、大嘗祭を行われた（ただし崇光院《すこういん》は行われていない）。

時代の変転によるものとはいえ、大嘗祭史上いまだかってない異例だ。よって、第九十六代・後醍醐天皇まででひとつ区切りをつけておく必要がある。

大嘗祭の歴史を八期に区分

以上みてきたところをまとめると、大嘗祭の歴史はとりあえず次のように区分できる。

第一期（七世紀末から九世紀末）

第四十一代・持統《じとう》天皇から、第五十九代・宇多《うだ》天皇の大嘗祭まで。天皇の代数にして十九代。期間は、飛鳥時代から平安時代の前期にかけて。約二百年。

第二期（九世紀末から十一世紀後期）

第六十代・醍醐天皇から、第七十一代・後三条天皇（ないし第七十代・後冷泉《ごれいぜい》天皇のころ）まで。十二代（十一代）。平安時代の中期から後期にいたる約百七十年（百五十年）。

第三期（十一世紀後半から十二世紀末）

第七十二代・白河天皇から、第八十三代・土御門天皇まで。十二代。平安時代後期から鎌倉時代のはじめ。約百二十年。

第四期（十三世紀初頭から十四世紀はじめ）

第八十四代・順徳天皇から、第九十六代・後醍醐天皇まで。十三代（ただし仲恭天皇は行われていない）。鎌倉時代前期から南北朝時代のはじめ。約百年。このの ち、吉野の朝廷においては三代、六十五年にわたって大嘗祭を行われた様子がない。

第五期（十四世紀末から十五世紀後期）

第百代・後小松《ごこまつ》天皇から、第百三代・後土御門天皇まで。四代。南北朝時代のおわりから室町時代の前期。約八十年。後土御門天皇の大嘗祭の翌年に応仁《おうにん》の乱《らん》がおこり、戦国動乱の時代に突入。

第六期（十五世紀末から十七世紀後半）

第百四代・後柏原天皇から第百十二代霊元天皇まで。戦国時代から江戸時代前期にかけて、天皇九代、二百二十一年間にわたって大嘗祭が中断する。

第七期（十七世紀末から十九世紀半ば）

第百十三代・東山天皇から、第百二十一代・孝明《こうめい》天皇まで。ただし、第百十四代・中御門《なかみかど》天皇の大嘗祭だけは行われなかった。よって、大嘗祭をあげられた天皇は八代。江戸時代中期から末期まで。約百六十年。

第八期（十九世紀後期から）

第百二十二代・明治天皇以降。

さて、便宜的に大嘗祭の歴史を以上のように区分してみた。

これはたしかな見識によらず、こころみにたてた見通しだから、これから大嘗祭の研究が深まれば、いろいろ修正する必要がでてくるはずだ。今は他に手がかりとすべきものもないようなので、一応これによって考えてみるにすぎない。

さて、右の時代区分によって問題をたててみると、まず第一期は大嘗祭の〝古儀《スタンダード》〟の確立期として注目される。この点からみていこう。

〝古儀〟以前

柳田氏は先に引いた文章の中で、大嘗祭の〝古い姿〟について「禁中《きんちゅう》（宮中）少数の官吏《かんり》のみが参与せしめられた」とか、「皇居一隅《いちぐう》の浄地《じょうち》を画《かく》して、必ずその中に行はれるものと定まつて居《い》た」といういい方をされている。

が、すでに大嘗祭の全体像について、その一端なりともながめてきた私らは、とてもこうした見方をそのまま素直にうけ入るわけにはいかない。私たちは大嘗祭が「少数の官吏のみ」でなく、国家の統治機構をあげてとりくまれたものだったのをみた。しかもそれさえ、大嘗祭のごく一部分であって、むしろこの大祭《たいさい》の骨格をなすのは大がかりな地方民の奉仕だった。また、それが行われる場所は、最も国家的な公式の空間（朝堂院《ちょうどういん》）だった。それはほんらい国政の中枢でもあったのだ。「一隅の浄地」といってしまっては、重大な錯誤が生じてしまう。

これは、おもに『儀式』や『延喜式《えんぎしき》』によって知ることができる、いわば完成された大嘗祭の姿に照らして断言できることだ。

しかし、そうして完備される〝以前〟の大嘗祭はそうではあるまい、と考える人がいるかもしれない。大嘗祭はもともと簡素・醇朴《じゅんぼく》なだけのお祭りで、『儀式』などにみられる姿は「肥大化」したものにすぎないとする考え方が、あんがい信じられている。

　これは、大嘗祭が古代国家の確立に対応して、天皇と公民の直接的な関係性を総括する皇位継承儀礼として成立した経緯をふりかえれば、ただちにそうでないことがわかるはずだ。くりかえすまでもないが、大嘗祭はたんに収穫祭の規模を拡大することによって、成立したものではない。

　大嘗祭はその成立時点から、すでに『儀式』や『延喜式』にみられるものと同じ構造上の特徴をもっていたと考えてよい。このことは持統天皇の大嘗祭の雄大さから十分知られるところだ（成立後間もない元明《げんめい》天皇の大嘗祭の奉仕者はすでに千八百五十四人もいた）。

　だがそのことは、『儀式』などに規定された大嘗祭の姿がそのまま、成立の当初にまで遡るということではない。この点、誤解があってはならない。

　そこで、『儀式』・『延喜式』にみられるような姿への形成過程が問題となる。もちろん、『儀式』と『延喜式』の大嘗祭の規定の間には、小異が認められる。しかし、その大綱《たいこう》においては、ほとんどたがうところがない。

　私は『儀式』などにみられる大嘗祭の姿は、その固有性に即して展開したすえに到達した、ひとつの標準となるかたちを示していると考える。その意味で大嘗祭の〝古儀《スタンダード》〟は、ひとまずここにおさえてよい。その古儀《スタンダード》確立の道程はいかなるものだったのか。

平城天皇大嘗祭――儀礼上の整備

『儀式』や『延喜式』にみられる大嘗祭の姿が、構造上のみでなく、儀礼や制度の上でもととのえられたのは、おそらく第五十一代・平城《へいぜい》天皇の大嘗祭の時だった。

まず、はっきりわかるのは、辰日《たつのひ》・巳日《みのひ》・豊明節会《とよのあかりのせちえ》の三日にわたる饗宴《きょうえん》が整備されたのが、この天皇の大嘗祭だったこと。『日本後紀《にほんこうき》』の記事によってみると、『儀式』のそれとほとんど重なる。

一代前の桓武《かんむ》天皇の大嘗祭は過渡的な様相をみせている。大嘗祭の饗宴は光仁《こうにん》天皇・桓武天皇の時代に準備されととのえられて、平城天皇の時に一定の形式を確立した。

次に天皇の御禊行幸《ごけいぎょうこう》。これが朝廷の統治機構をあげて行われる国家的な大行事だったことは、先にみた。しかし、これが史料にはじめてあらわれるのは、やはり平城天皇から（『日本後紀』・『大嘗会御禊日例《だいじょうえごけいのひのれい》』・『大嘗会御禊事《ごけいのこと》』）。

これ以前にそれがみえないのは、史料の制約のためか。そうではあるまい。『続日本紀《しょくにほんぎ》』に光仁天皇・桓武天皇の大嘗祭の比較的くわしい記事がある。だが、御禊の行幸にはふれていない。あれほどの国家的大行事について、国家の正史たる『続日本紀』がいっさい省略したとは考えにくい。

大嘗祭の神事に先だって、天皇ごじしんの心身をより清浄《せいじょう》ならしめる何かの行事があったことは当然だろう。それが国家的な大行事たる御禊行幸として確立されたのは、平城天皇の時からと考えてよい。

また、大嘗祭が行われる斎場《さいじょう》についても、奈良時代までは朝堂《ちょうどう》〔院〕か太政官《だいじょうかん》だったのが、平安遷都《せんと》によって朝堂院が確立し、平城天皇以降ここに一定する（ただし、『続日本紀』の「太政官院」が朝堂〔院〕を意味する場合は、奈良時代からほぼ一定していたことになる）。

大嘗祭のものいみの期間が一カ月に一定するのも、平城天皇からだ（『類聚国史《るいじゅうこくし》』大同《だいどう》三年十月二十九日の制）。ものいみ一カ月というのは、律令《りつりょう》にきめる「大祀《たいし》」の条件だ（中祀が三日、小祀が一日）。大嘗祭が令制《りょうせい》の「大祀」にはっきり位置づけられるのは、この時からだろう。

それ以前のものいみは三カ月だったというから、ずいぶん長い。ただし、それでは「大祀」にあてはまらないから、一カ月にあらためた。

「大祀」としての大嘗祭の成立

私見によれば、『弘仁式《こうにんしき》』にみられる「践祚《せんそ》大嘗祭は大祀と為《な》せ」との規定は、平城天皇の大嘗祭の時に成立したことになる。この時の大嘗祭に際しては、それ以前にみられた歌舞《うたまい》にたずさわる者らがシナ風のかざりをするのを厳禁する処置もとられている。

以上のようであれば、大嘗祭の〝古儀《スタンダード》〟とすべき姿は、だいたいにおいて平城天皇の大嘗祭の時にかたちづくられたと考えてよいだろう。それは桓武天皇朝で準備されたところが大きい。

桓武天皇朝は神道《しんとう》の展開と朝廷儀礼の整備、律令体制の再建などの上で、注目すべき時代であった。

一代前の光仁天皇朝も、道鏡《どうきょう》の出現で頂点に達した奈良仏教政治を清算し、神道尊重の立場をはっきりうちだした時代だ。

光仁天皇・桓武天皇の時に大嘗祭の儀礼上の整備・拡充も進展した。延暦二十二年（八〇三年）につくられた『官曹事類《かんそうじるい》』の序文をみると、大嘗祭の祭儀次第をくわしく記した『別記《べっき》』がこの時代にまとめられていたことがわかる。

平城天皇の大嘗祭は、それらをふまえ、同天皇ごじしんによる改制も加えて行われた、きわめてととのったものだった。

「弘仁践祚大嘗会式」の成立

「大嘗祭」という名称の上に、天皇の即位を意味する「践祚」という語を付け加えた「践祚大嘗祭」という呼び名がある。『儀式』や『延喜式』ではこの呼称が使われていた。

「践祚大嘗祭」という語が、はじめてあらわれるのはいつか。ふつう、践祚大嘗祭といえば、大嘗祭の別名、ややあらたまったいい方くらいにうけとられている。しかし、これを歴史的な用語として、少し厳密に考えてみたらどうか。

私の目にとまったものでは『弘仁式』が一番はやい。『弘仁式』がまとめられたのは、平城天皇の次の嵯峨《さが》天皇の時代だ。平城天皇ごじしんも、「式」を編纂《へんさん》される準備はすすめられていたようである（『古語拾遺《こごしゅうい》』）。しかし、完成していない。『弘仁式』も最終的に完成し、法律として施行されたのは天長《てんちょう》七年（八三〇年）、嵯峨天皇の次の淳和《じゅんな》天皇の時代だ（『類聚国史』）。

『弘仁式』では大嘗祭の皇位継承儀礼としての重大化、平城天皇大嘗祭に結実する儀礼・制度上の整備をふまえて、「践祚大嘗祭（会）」という重々しい言葉を採用したのだろう。

この語が成立するもうひとつの理由は、大嘗祭と新嘗祭を〝理念上〟同一視し、ともに「大嘗（祭）」と呼ぶ令の用語法の不便さをなくすためだ。『弘仁式』では「践祚大嘗祭（会）」と「毎年大嘗祭（会）」として区別した。

『弘仁式』の第五巻として「践祚大嘗会式」が特立されている（『本朝法家文書目録《ほんちょうほうかもんじょもくろく》』）。これが大嘗祭にかんする諸規定をはじめて法的に集大成したものだ。厳密な意味での古儀《スタンダード》としての大嘗祭の確立は、この「弘仁践祚大嘗会式」の成立をめどに考えるべきかもしれない。

『儀式』や『延喜式』にみられる諸規定も、多くは『弘仁式』のそれをそのままうけついだものと考えられる。

神器《じんぎ》献上儀の停止

いちじるしい一例を示す。大嘗祭に吸収された忌部《いんべ》氏の神器献上儀だ。

これは、桓武天皇の時から大嘗祭の行事となり、次の平城天皇大嘗祭からははっきり辰日の行事に位置づけられる（『日本後紀』）。が、ほどなく停止されて行われなくなる。

いつから停止されたのか。天長《てんちょう》十年（八三三年）の仁明《にんみょう》天皇の大嘗祭からだ（『権記《ごんき》』・『西宮《さいきゅう》記《き》』・『北山抄《ほくざんしょう》』他）。

理由は何か。ひとつは神器の中の神鏡に対する神聖感が高まり、たやすく臣下にゆだね、動かすべきでないと考えられるようになったこと。もうひとつは桓武天皇の時に剣璽渡御《けんじとぎょ》の儀（践祚儀）が成立しており、儀礼的に重複《ちょうふく》することになるからだ。

ここで注意すべきは、『延喜式』はもちろん、『儀式』がまとめられる以前に忌部氏の神器献上儀がなくなっていることだ。

しかし、両書にはそのことがみえている。これは『儀式』・『延喜式』が神器献上儀が停止された天長十年以前の規定、つまり『弘仁式』のそれをそのままとりいれていることを意味する。『儀式』などが『弘仁式』の規定をうけついでいるのは、この一事だけではなかっただろう。

『儀式』が編《あ》まれた貞観《じょうがん》年間には『貞観式』がまとめられている。『貞観式』には「践祚大嘗祭（会）式」がない。これは当時、「弘仁践祚大嘗会式」がほぼそのまま施行されていたことを示す。『儀式』の大嘗祭の規定は、それのさらにくわしい細則とみなすことができる。「弘仁践祚大嘗会式」そのものはのこっていない。だが、『儀式』の内容とまったくへだたったものでなかったことは想像できる。

では、「弘仁践祚大嘗会式」の原形ができたのはいつか。

『弘仁式』には『儀式』・『延喜式』の規定のもとになった忌部氏の神器献上が規定されていた。しかし、この『式』が施行されてはじめての大嘗祭は、仁明天皇のそれだ。『弘仁式』施行後わずか三年だが、神器献上儀はすでに行われていない。

一度も行われていない行事を『弘仁式』や『儀式』・『延喜式』が大切に記しとどめるはずはない。げんにそれは桓武天皇の時からあった（辰日の行事になるのは平城天皇から）。

これと同じく『弘仁式』に定められ、『儀式』・『延喜式』にうけつがれたもののうち、少なくない部分が『弘仁式』以前からあったはずだ。私のみるところでは、その原形がほぼととのえられたのが、他ならぬ平城天皇大嘗祭だった。

大嘗祭の〝古儀《スタンダード》〟の確立。それは「大祀」としての大嘗祭、あるいは「践祚」大嘗祭の成立でもあった。

それがほぼ実現されたのは平城天皇大嘗祭のこと。それはさらに整備されて「弘仁践祚大嘗会式」として法的に定着し、大綱をまもりながら『儀式』・『延喜式』にうけつがれていった。

Ⅱ　変容の諸相

醍醐《だいご》天皇朝の転機

醍醐天皇の時代、重要な変容があった。悠紀《ゆき》・主基《すき》両地方の国《くに》が固定し、もっぱらその中の郡《ぐん》だけが卜定《ぼくじょう》されるようになったこと。先に時代区分した第一期から第二期への転換だ。

『延喜式《えんぎしき》』には両地方の国と郡の卜定を明記する。が、じっさいにはそれの編纂《へんさん》を命じられた醍醐天皇の大嘗祭の時から、国の卜定は行われなくなっていたのだ。

これまでも両地方の国が固定してくる事実は知られていた。だが、このことがもつ意味についてはほとんど考えられていない（したがって、明治天皇の大嘗祭で地方の固定化が解消されたことの意義も十分評価されていない）。

しかし、悠紀・主基両地方の奉仕はほんらい全国の公民の奉仕を象徴するものである。大嘗祭はこれによってこそ、国家の構造性をいかんなく包摂《ほうせつ》する祭儀たり得たのだ。

両地方が特定地方に限定されることは、大嘗祭のもつ意義に少なからざる影響を与えるものといわねばならない。

この変容がちょうど律令《りつりょう》国家から王朝国家への、国制《こくせい》上の大きな転換の時代におこっていることは、先に述べた。それは決して偶然ではなかった。

奈良時代以来、律令原則をやぶって拡大する私的な大土地所有。これによって、律令国家の地方統治は重大な危機に直面した。朝廷はこの危機にいかに対処しようとしたか。

佐藤進一氏はこう要約された。

そこで十世紀に入って延喜の荘園《しょうえん》整理令（九〇二年）を界《さかい》として、政府は地方支配を太政官《だいじょうかん》すなわち中央政府の直接統制から、国司《こくし》への委託に切りかえることによって、この危機を回避しようとする。（『日本の中世国家』）

これは、やがて国家の普遍的統治の断念へと、道をひらくものだった。ここにおいて、大嘗祭も一定の変容をとげざるを得ないことは、たやすく想像できる。

大嘗祭の基盤をなす両地方の奉仕は、いっさいの個別的支配を脱した公民の登場と、その田主《でんしゅ》権・用益《ようえき》権を国家的に保障された耕作田《こうさくでん》の存在を前提とした。よって、それらを可能にした律令的な地方統治の動揺は、大嘗祭の執行態勢そのものの変更をせまることになるからだ。

律令国家から王朝国家への転換。それは比喩《ひゆ》的には、大嘗祭が包摂すべき国家の構造性そのものの媛小化《わいしょうか》を意味したともいえるだろう。

祭神観の展開

次に、大嘗祭での「祭神《さいじん》」観の展開についてとりあげる。

大嘗祭の神事でまつられる神は何か。たとえば手もとの『広辞苑』をひもとくと「天照大神《あまてらすおおみかみ》および天神地祇《てんじんちぎ》」とある。「天神地祇」というのは、日本中のさまざまな神々の総称だ。『日本国語大辞典』・『日本歴史大辞典』・『神道大辞典』などをみても、表現は多少ちがってもみな同じことをいっている。『帝室制度史』も同様だ。これを通説とみてよいだろう。昭和大嘗祭の記録を時の内閣が刊行している(『昭和大礼要録』)。それも「天照大神及《および》天神地祇」とする(平成大嘗祭についての政府見解も「皇祖《こうそ》及び天神地祇」)。

しかし私は、大嘗祭のもともとの祭神は天照大神だけだったと考えている。

通説の根拠はまことに貧弱だ。中世以降の史料をのぞくと、ほとんどない。わずかに「神祇令《じんぎりょう》」の即位条を大嘗祭の規定とする『令義解《りょうのぎげ》』の記事。それと「職員令《しきいんりょう》」神祇官条にある「大嘗」の語についての『令釈《りょうしゃく》』と『令義解』の解釈だけ。しかも、いずれもじつは大嘗祭の神事とは関係のない史料だ。通説は信ずるにたらない。

そもそも、古い時代の大嘗祭の祭神を明示する史料はみあたらない。だが、私は古代の祭祀と信仰の実情の大局からつかめば、それは自明ではないかと考える。

大嘗祭の祭神をさぐる最大のヒントは、いうまでもなく、大嘗宮正殿《だいじょうきゅうしょうでん》内の神事《しんじ》での天皇のご作法にある。幸いそのご作法については、こんにちのこされた諸史料によって、ほぼうかがい知ることができる。

まず、そのご作法によってみる時は、神事の対象となる神がもし複数だったとしても、同等・一律におまつりしていたことになる。

大嘗祭が成立する天武《てんむ》天皇・持統《じとう》天皇の時代は、天照大神への崇敬《すうけい》が一段と高まった時代だった。伊勢神宮の式年遷宮《しきねんせんぐう》の制度がたてられ、実施されたのは、そのことをよく示す。『古事記』は天武天皇朝にほぼ骨格ができあがっていたとされるが、同書は神々における皇祖天照大神の至高性をうたいあげている。

『大宝律令《たいほうりつりょう》』には、伊勢神宮が全国の神社の中でただひとつ格別の地位にある神社（＝大《たい》社《しゃ》）であることを規定していた（『平戸記《へいこき》』・『師守記《もろもりき》』に引く『古答《ことう》』）。それは『養老律令《ようろうりつりょう》』にもうけつがれている。

天照大神、あるいはそれをおまつりする伊勢の神宮が、他の神々や神社とは隔絶した崇敬を朝廷からうけていたことを示す史料は多い。大化前代《たいかぜんだい》については史料の制約があるが、大嘗祭成立の時代以降についてみれば、それは明らかだ。

国内のすべての官社《かんしゃ》（天神地祇）を対象とする祈年祭《きねんさい》にも天皇のおでましはなく、ただ伊勢神宮の神嘗祭《かんなめさい》に幣帛《へいはく》をたてまつる使いの出発式だけにはおでましがあったことなどは、顕著な一例だ。

そうであれば、大嘗祭の神事だけ、皇祖神として至高の神格をもつ天照大神と、一般の天神地祇を一律・同等にまつったとは考えがたい。

神階の授与

また、天皇は神事で、じつにつつしみぶかく鄭重《ていちょう》なご作法で祭神に対されている。かかるご作法で天照大神以外の神々にむかわれることも、想像しがたいように思う。古代の信仰における天皇と天神地祇の関係を考えると、天皇が上位、天神地祇が下位にあったからだ。

この関係をはっきり示しているのは〝神階《しんかい》〟の授与だろう。天皇が神々に位階《いかい》をさづけられたのだ。

はやいところでは天武天皇の時代に、高市神《たけちのかみ》・牟狭神《むさ》・村屋神《むらや》の「三神の品《しな》（位階）を登《あ》げ進めて祠《まつ》りたまふ」例があり、これ以前から行われていたようだ。『東大寺要録《とうだいじようろく》』には聖《しょう》武《む》天皇が天平《てんぴょう》十八年（七四六年）に八幡神《はちまんしん》に「三位《さんみ》」をさずけられたことがみえている。

こののち、天皇が神階をさずけられた例はいくらもある。『延喜式』では、天皇が神に位階をさずけられる時の書式まで定めていた。

位階の本質については、石母田正氏がこういわれた。

位階を授与するものは君《きみ》＝天皇であり、有位者《ゆういしゃ》（位階をさずけられる者）は臣下《しんか》である。したがって天皇のみは位階をもたず、有位者集団を超越した権威として、その秩序の形成主体として君臨《くんりん》する。（『古代国家論　第一部』）

これによれば、神階授与の対象となる天神地祇もまた「有位者」であって、天皇の「臣下」たる地位のものというべきだ。

天皇が神社に行幸《ぎょうこう》あそばされる時でも、古くはおんみずから神前におでましになってご参拝なされることはなく、もっぱら勅使《ちょくし》をして参拝せしめられるのが通例だった。

してみると、大嘗祭における天皇のつつしみ深いご作法を考える時、とても天神地祇を祭神とするものであったとは考えられない。

皇祖天照大神―天皇―天神地祇。古代信仰上の三者の関係から考えて、大嘗祭の祭神はほんらい天照大神一柱《ひとはしら》だったにちがいない。

ところが、中世に入るとこの祭神観に展開がみられる。

祈請《きせい》の申詞《もうしことば》

のちに大嘗祭の神事で「伊勢の五十鈴《いすず》の河上《かわかみ》に坐《ま》す天照大神、又天神地祇《またあまつかみくにつかみ》の諸《もろもろ》の神明《かみ》」に対する「祈請《きせい》」の「申詞《もうしことば》」（御告文《おつげぶみ》）がとなえられるようになる（『後鳥羽院宸記《ごとばいんしんき》』）。時は平安時代から鎌倉時代への移行期にあたる。先の時代区分では第三期になる。

この申詞は第八十二代・後鳥羽上皇から第八十四代・順徳《じゅんとく》天皇へおつたえになった。だから、順徳天皇の建暦《けんりゃく》二年（一二一二年）の大嘗祭でたしかにとなえられたはずだ。おそらく後鳥羽天皇ごじしんの大嘗祭（元暦《げんりゃく》元年〈一一八四年〉）の時にすでにおとなえになっていただろう（当時、天皇のおん年満五歳。しかし、時の摂政・藤原基通《せっしょうふじわらのもとみち》が代読申しあげるようなことは、はばかられたであろう）。

順徳天皇がおよみになった建暦二年の大嘗祭の申詞は、江戸時代までつたわった。大嘗祭第六期の元文《げんぶん》三年（一七三八年）の東山《ひがしやま》天皇の大嘗祭の時に、その「前後首尾」が欠けたのであたらしくつくっている（『伯家部類《はっけぶるい》』）。

この間、大嘗祭の中絶期をはさみ、じつに五百年以上の歳月がながれている。

いずれにせよ、後鳥羽天皇以降、大嘗祭の祭神を天照大神および天神地祇とすることが定着した。

北朝方の後円融院《ごえんゆういん》の時の『永和《えいわ》大嘗会記』にも同じ祭神観がみえ、後土御門天皇がお書きになった『文正度大嘗会神饌仮名記《ぶんしょうどしんせんかなき》』には仮名書きながら後鳥羽天皇が記しとどめられたのと同様の祝詞がおさめられている。

その祭神観は江戸時代をこえ、先に紹介したように現代にまでおよんだ。

ではそれは、いつまで遡《さかのぼ》るのか。

たしかなことはわからないが、ここでひとつの仮説を提示しておく。

まず、くだんの「申詞」がきわめてあたらしいこと。その文体を『延喜式』におさめられている祝詞や『続日本紀《しょくにほんぎ》』にみえる宣命《せんみょう》とくらべると、時代のくだるものであることがはっきりわかる。

また、大嘗祭の神事で天皇の御告文がよまれたことじたい、古い史料にはでてこない。『江記《ごうき》』・『江家次第《ごうけしだい》』・『大嘗会卯日御記《うのひぎょき》』にそれがみえない点から、最もあたらしい『卯日御記』に記録されている第七十五代・崇徳《すとく》天皇の保安《ほうあん》四年（一一二三年）の大嘗祭よりのちでなければならない。

が、そもそも後鳥羽天皇以前から御告文をよむことがはじめられていたのなら、のちのちまで建暦二年（順徳天皇大嘗祭）の申詞だけがつたえられるようなことはなかったのではないか。『伯家部類《はっけぶるい》』をみると、その一通のみが代々大切にまもられてきたらしい。いくら「もっとも秘事」である（『後鳥羽院宸記』）にしても、これは不審だ。

中山忠親《ただちか》の祭神観

そこで私は、後鳥羽天皇の大嘗祭で検校《けんぎょう》（行事所《ぎょうじどころ》の長官）をつとめた中山忠親《ただちか》の祭神観に注意したい。

彼が誠心誠意、大嘗祭に奉仕したことは、その日記『山槐記《さんかいき》』によって知ることができる。

忠親は『貴嶺問答《きれいもんどう》』という本を書いた。

その中で、「大嘗祭は何神を祭るか」との問いに対し「すべて天神地祇を祭るなり」とこたえている。

これが、「神祇令《じんぎりょう》」の即位条に「すべて天神地祇を祭れ」とあるのを大嘗祭のことと解釈した『令義解《りょうのぎげ》』の説によったものであることは、前後の文脈から明らかだ。

しかし、じつは『令義解』の解釈は、即位条に規定された行事について、平安時代にはいってから、制度じたいか理解の仕方に〝変更〟があったのにもとづく。大嘗祭のほんらいの祭神をさぐる手がかりにはならないものだった。

にもかかわらず、中山忠親は『令義解』によって、大嘗祭の祭神を天神地祇と信じていた。

後鳥羽天皇が後世にのこされた大嘗祭の神事での申詞の中に、「天神地祇」の語があったのは、これが時の検校たる忠親の献策によるものだったためではないか。

その結果、後鳥羽天皇の大嘗祭において、それまでの祭神、天照大神に加え、天神地祇をもまつるとする祭神観があらわれたと想像したい。

もちろん、こうしたことの背景には、それ以前からの神道《しんとう》信仰上の推移があったにちがいない。たとえば、宇多《うだ》天皇朝の仁和《にんな》四年（八八八年）より「わが国は神国なり」とのご自覚から、天皇が天神地祇を毎朝《まいあさ》拝される例が開かれたこと（『年中《ねんじゅう》行《ぎょう》事《じ》秘《ひ》抄《しょう》』・『江《ごう》次《し》第《だい》抄《しょう》』）など、軽視できないだろう。

ただし、祭神観に展開が認められても、神座《しんざ》（神霊《しんれい》の御座《ござ》）のもうけ方や神事でのご作法などは基本的に大きな変化はなく、ひさしく古い姿がまもられていった。

後鳥羽天皇の大嘗祭より約二十年前。永万《えいまん》二年（一一六六年）にまとめられた『助《じょ》無《む》智《ち》秘《ひ》抄《しょう》』は、大嘗祭についてこう説明している。

コレ大神宮《だいじんぐう》へ物《もの》マイラセハジメサセ玉《たま》フナリ。

（これは〈天皇が〉大神宮〈天照大神〉へ物をお供えになるはじめである）

これは、後鳥羽天皇以前の祭神観を、素直にとどめたものだったろう――。

なお、別件ながら『後鳥羽院宸記』では神事に「米」の他に「粟《あわ》」もそなえられている。古くにはない例である。

いつからはじめられたものであらうか。

池辺彌氏は以下のように推測された。大嘗祭の神事は〝秘事《ひじ》〟とされていたから「これ以前の記に『粟』が記録されていないから無かったとするのは早計である。『粟』は古くなればなるほど、その存在の意義が高かったと見られるので、平安時代にも『粟』が稲と列び用いられていたと見るべきである」と（『古代神社史論攷《ろんこう》』平成元年六月刊）。

しかし『延喜式』をみると、新嘗祭の神事については粟が用いられたことは歴然としている（「宮内省式」「大炊寮式」）。にもかかわらず、大嘗祭の場合にはまったくその形跡がない。

池辺氏の推測はそのまま支持できない。

Ⅲ　中絶と再興

大嘗祭の断絶

大嘗祭は古代から中世にかけて、御代《みよ》ごとの最大の国家的行事としてとり行われてきた。この間にみてきたような変遷やその他の推移もあったものの、その構造上の一貫性は明らかだ。また、承久《じょうきゅう》の変《へん》の影響による不斎行《ふさいこう》（仲恭《ちゅうきょう》天皇）や、いわゆる南北朝時代の場合のような異例（南朝三代の天皇に大嘗祭の形跡《けいせき》なし）もあった。だが、それらはあくまで例外にすぎない。

それがぷっつりと中断してしまったのは、応仁《おうにん》元年（一四六七年）からはじまった応仁の乱以降のことだ。時代はこれから戦国動乱の世に突入する。

応仁の乱の前年、文正《ぶんしょう》元年（一四六六年）には、第百三代・後土御門《ごつちみかど》天皇の大嘗祭が行われた。学者の中にはこの時の大嘗祭が行われなかったようなことをいう人もいる。しかし、そんなことはない。史料がいくつものこっていて、それが行われたのは疑う余地がない（『大嘗会《だいじょうえ》伝奏引付《てんそうひきつけ》』・『後法興院家政記《ごほうこういんいえまさき》』他）。

ただし、この時は十一月に斎行されている。穢《けがれ》をさけるためだが、かつて例のないことだった。

この後土御門天皇の大嘗祭のあり方をみて気づくことがある。戦国期の大乱による中絶を目前にしながら、なおその構造上の一貫性をまもっていることだ。この点は『文正度大嘗会切符案《きっぷあん》』によって、つぶさに知ることができる。

もちろん、その財政上のうらづけは、いっさい室町幕府の支えによった。朝廷の財政と一体となった幕府側の奉賛《ほうさん》なくしては、それはあり得なかった。

大嘗祭に必要な諸経費を幕府がおもに徴収するかたちができてくるのはいつからか。なおはっきりしない。

延慶《えんぎょう》二年（一三〇九年）の第九十五代・花園《はなぞの》天皇の大嘗祭では、鎌倉幕府が主体となってそれが行われていた。

これ以前、正応《しょうおう》元年（一二八八年）の第九十二代・伏見《ふしみ》天皇の大嘗祭のころからその傾向がはっきりしてくるのではないかとする推測もある。

それはいずれにせよ、中絶直前の後土御門天皇の大嘗祭がよく〝古儀〟との構造的一貫性をまもっていたのは意味深い。大嘗祭はしだいしだいに衰退しみすぼらしくなって、ついに中断したのではなかった（もちろん、すでに儀礼上の簡略化などはまぬがれなかったが）。大嘗祭は一挙に廃止されたのだ。

ここでも当然、国家史上の変貌を背景に考えなくてはならない。

国内の統一がうしなわれ、群雄割拠《ぐんゆうかっきょ》のせいで国民統合の解体が進行したのである。天皇と公民の（有力者の私的支配を介在させない）ダイレクトな関係を前提として、国家の全体性を確認し更新すべき大嘗祭は、ここにあって行わるべくもなかった。

大嘗祭の存亡は、まさに国家的統一の帰趨《きすう》とあゆみをともにするものだったのだ。

「半帝」にあらず

ところが、一部に奇妙な議論がある。

「（すでに）践祚《せんそ》せられるといえども、いまだ大嘗祭を行わせ給《たま》わざる天皇は『半帝《はんてい》』であって、完全な天皇とは称し得ないもの」とする意見だ（滝川政次郎氏）。これは「（大嘗祭は）天皇が真に天皇としての御資格をはじめて獲得される儀式」とする大嘗祭観（真弓常忠氏）と表裏一体のもので、わりと広く信じられているようだ。

もし、この考え方にしたがうならば、畏れ多いことだが、わが国のご歴代百二十六代のうち約半数近くの天皇が〝半帝〟ということになる。

第四十一代・持統《じとう》天皇より前は、いまだ大嘗祭そのものが成立していないし、第八十五代・仲恭《ちゅうきょう》天皇、応仁の乱以降九代の天皇、近世の第百十四代・中御門《なかみかど》天皇は大嘗祭を行われておらず、南朝三代の天皇も行われた形跡《けいせき》がないからだ。

だが、「半帝」論の根拠は『帝王編年記《ていおうへんねんき》』のへんぺんたる記事しかない。

『帝王編年記』は仲恭天皇について「大嘗会行はれざる以前退下《たいげ》す。世に半帝と称す」と書いている。しかし往時、この天皇はいまだ歴代の中にふくまれておられなかった。

たとえば、『本朝皇胤招運録《ほんちょうこういんじょううんろく》』には、「九条廃帝《くじょうはいてい》」と書かれていた。もともと「日嗣《ひつぎ》（歴代の天皇）ニハクワ《（ママ）》（加）ヘタテマツラズ」（『神皇正統記《じんのうしょうとうき》』）とされたお方を、「半帝」と称しているのは不審だ。

「仲恭天皇」のおくり名がたてまつられ、ご歴代にお加わりになるのはずっと時代のくだった明治三年（一八七〇年）のこと。

仲恭天皇が明治までご歴代に入られていなかった理由は、ただ大嘗祭をあげられなかったからというより、『一代要記《いちだいようき》』に「即位・大嘗会等なし。仍《よ》りて王代《おうだい》に入れず」とあるように、むしろ即位式をあげられなかった点を重視すべきだ。史料価値は鎌倉時代の写本がのこっている『一代要記』の方が高い。

「半帝」論は学問的根拠のないものだ。

本書でふれてきた皇位継承儀礼の沿革に照らしても、大嘗祭が「真に天皇としての御資格をはじめて獲得される儀式」だなんてことは、いえない。〝神器〟相承の意義がわすれられている。

神器をうけつがれることで、すでに即位の事実は確認されている。

中絶期の意味

大嘗祭は天皇が皇位におつきになったこと、つまり「真に天皇としての御資格」をすでに獲得されていることを〝前提〟とする。

皇位をつがれた新天皇の祭儀に対し、国家と国民をあげて奉仕奉賛するものだ。だから、戦国時代のように国家・国民の奉仕の態勢がととのわない時代には、大嘗祭はやむなく中絶となるのである。だがそれによって、天皇の「御資格」が問題となり「完全な天皇とは称し得ない」ことになる、といった気づかいはない。

大嘗祭が行われなくなったのは第百四代・後柏原《ごかしわばら》天皇（在位一五〇〇年～一五二六年）の時から。この天皇が即位式をあげられたのは、践祚《せんそ》後、じつに二十一年ののちのことだ。いかに異常苛烈な時代だったかがわかる。

そのあと皇位につかれたのが後奈良《ごなら》天皇。この天皇の即位式も践祚から十年後（天文《てんぶん》五年〈一五三六年〉）だった。

ところで、この後奈良天皇がおんみずからしたためられた『宣命案《せんみょうあん》』が、京都御所《ごしょ》の東《ひがし》山御文庫《やまごぶんこ》にのこされている。これは、九代、二百二十一年にわたって大嘗祭が行われなかった時代に、代々の天皇がどのようなご心情でおすごしになっていたかを如実《にょじつ》につたえる、まことに貴重な史料だ。

日付《ひづけ》は天文十四年（一五四五年）八月二十八日になっている。すでに即位後二十年をへた時点だ。

おもな部分を現代語訳して引用しよう。


「伊勢神宮にかしこみつつしんで申し上げます。自分が皇位についてすでに二十年。しかし、いまだに大嘗祭を行いたいという願いを達することができていません。これは、怠る気持ちがあってのことではなく、国の力の衰えによるものです。どうぞおわかりください。

国内に正しい公《おおやけ》の道理は行われず、下克上《げこくじょう》の風潮がさかんで、各地の貢物《みつぎもの》も滞《とどこお》り、武士らが力に任せて横取りして、神社の行事も、朝廷に集う皇族、貴族、役人らもみな衰えてしまっています。皇位の将来さえ危ない状態です。

どうか神のお力をいただき、国内の平和回復、民衆の繁栄、皇位の安定を実現し、ついに大嘗祭も行えますように、つつしみかしこんでお願い申し上げます」

「宝位《ほうい》今二十年」（原文、以下同じ）。皇位におつきになって二十年をけみしたこんにち、なお大嘗祭をとり行って天照大神に「自神供《みずからしんく》ヲ備《そなえ》ルコト」ができないでいる。その「心中《しんちゅう》ノ所願《しょがん》」を果たすことができないお嘆きを、伊勢の神宮におつげし、おわびになっているのだ。

では、なぜ大嘗祭が行われないままなのか。

「国ノ力ノ衰微」のためだった。「公道《こうどう》行ハレズ」「下克上ノ心盛《さかん》」なる統一なき国のさまゆえに、その斎行《さいこう》がおぼつかないのだ。

しかし、天皇は「急《すみやか》ニ（大神の）威力ヲ加《くわえ》テ」、「上下和睦《じょうげわぼく》」による「民戸《みんこ》（人民の家々）豊饒《ほうじょう》」と「宝祚《ほうそ》（皇位）長久《ちょうきゅう》」、そして大嘗祭の斎行（心中《しんちゅう》ノ所願《しょがん》）を成就させて頂きたいと、ひたすらお祈りになっている。

天皇の願いの順番に注目したい。「国内の平和」→「民衆の豊かな生活」→「皇位の安定」→「大嘗祭の斎行」という順序だ。大嘗祭が国民の統合と国家の秩序回復を前提とする祭儀であることを見事に洞察しておられたことがわかる。

私は、かかる天皇のお言葉を拝し、大嘗祭が中断したかの二百二十年あまりの歳月を回想する時、名状しがたい感慨をおぼえる。

天皇はたゆまず大嘗祭の再興を熱願しておられた。しかし、国民の統合が回復し、国家の秩序が再びととのうまでには、なおながい月日を要したのだ。

大嘗祭が中絶した二百二十一年。その長い歳月は、国家の全体性と国民の統合を総括する、大嘗祭の皇位継承儀礼としての意義を、対極の地点から照らしだしている。

大嘗祭の再興への願い

葦原《あしはら》や　茂らば茂れ　おのがまま　とても道ある　世とは思はず

これは、第百八代・後水尾《ごみずのお》天皇が徳川幕府の横暴をいきどおっておよみになった御製《ぎょせい》だ。後水尾天皇は心中に深く、朝廷の伝統儀式の回復を念じておられた。とりわけ大嘗祭の再興にみ心をよせておられたことは、天皇みずからおまとめになった『当時年中行事《とうじねんじゅうぎょうじ》』の序文に明らかだ。そこでは、

御禊大嘗会其外《ごけいだいじょうえそのほか》の諸《もろもろの》公事《くじ》も次第に絶えて、今はあともなきが如《ごと》くなれば、再興するにたよりなし。

とお嘆きになっている。

この『当時年中行事』は第百九代・明正《めいしょう》天皇（女帝《じょてい》）のあとに皇位につかれた後光明《ごこうみょう》天皇につたえられたが、皇居炎上のため焼失した。しかし、ご草稿本《そうこうぼん》がのこっていたので、後

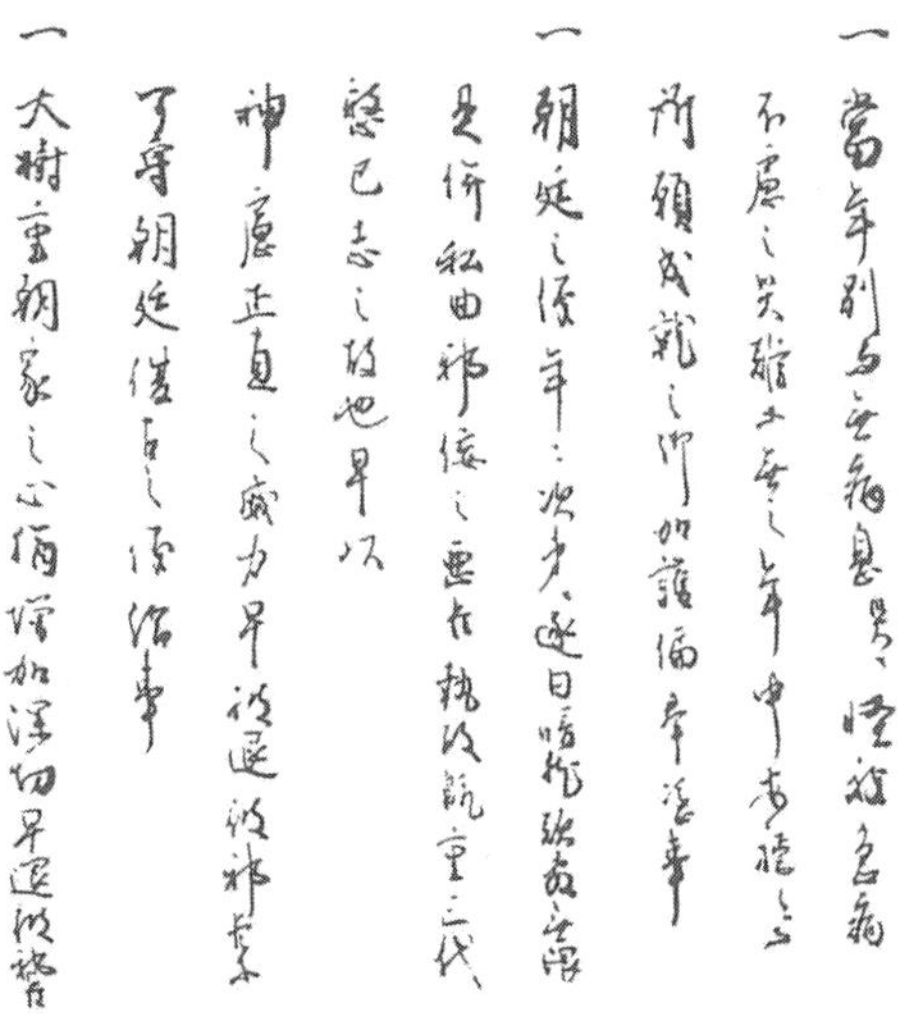

霊元天皇の御宸筆（下御霊神社蔵・東京大学史料編纂所提供）

水尾上皇はそれをもとに書きあらためられ、一冊は第百十一代・後西《ごさい》天皇に、あたらしいご清書本《せいしょぼん》の一冊は第百十二代・霊元《れいげん》天皇にさずけられた。後光明天皇・後西天皇・霊元天皇はみな後水尾天皇のご実子でいらっしゃる。

なお、後光明天皇の正保《しょうほう》三年（一六四六年）に大外記《だいげき》（朝廷の記録や政務・儀式をつかさどる役人）の中原師定《もろさだ》が、吉田兼倶《かねとも》の著書『大嘗会神秘書《しんぴしょ》』（大嘗祭の各行事を注釈したもの）を書きうつしている。これなども、当時の朝廷で大嘗祭の故例が研究されていたことを示す。

後柏原天皇以来の大嘗祭中絶期における歴代天皇の大嘗祭再興へのご悲願がなければ、それがよみがえることはなかったはずだ。当然、私たちがまさにむかへようとしているあたらしい天皇陛下の大嘗祭も、なかったことになる。

大嘗祭再興のご悲願。それがこんにちの文化財保存の思想などとはまったく質を異にするものであることは、もちろんだ。国家の秩序と国民の統合を回復することそのものへの願いだった。

再興を幕府と交渉

それをはっきり示しているのは、他でもない霊元上皇《じょうこう》の不退転のご覚悟によって大嘗祭が再興された時のあり方だ。

霊元天皇は即位された寛文《かんぶん》三年（一六六三年）には、おん年わずかに十歳にましました。やがて、ご成長とともに大嘗祭の再興をつよく熱願あそばされるにいたる。

天和《てんな》二年（一六八二年）正月二十九日に伊勢神宮にたてまつられた宣命案《せんみょうあん》（『宸翰英華《しんかんえいか》』所収）に、そのことをはっきり拝察できる。近藤啓吾氏は「天皇の大嘗祭復興の御決意は、（略）恐らく延宝《えんぽう》の末、御年《おんとし》二十六、七歳の頃にはすでに定まつてをられた」といわれた。

かくて貞享《じょうきょう》四年（一六八七年）四月四日、天皇は皇位をみ子の東山《ひがしやま》天皇にゆずられた。そして、ついにその年の十一月十六日、大嘗祭が二百二十一年ぶりに再興されたのだ。

もちろん、たやすくそれが実現されたのではない。この時の大嘗祭が、徳川第五代将軍綱《つな》吉《よし》の〝勤王《きんのう》〟の態度によって行われたかのように説くものがある。それは正しくない。

幕府は徹底して冷淡だった。

これに対し、朝廷側は貞享三年（一六八六年）の幕府とのやりとりで、大嘗祭の経費は幕府の支出増にならぬよう即位式の費用をさいてあてる、とする一方で、もし当年中に大嘗祭のことが決定しなければ即位式そのものを延期して、あくまで大嘗祭の再興を期すという毅然《きぜん》たる態度で交渉にのぞんだ（『貞享度大嘗会儀ニ付両伝《つきりょうてん》ヨリ所司代往来留《しょしだいおうらいとめ》』）。

朝廷の姿勢は背水の陣、といってよいものだ。何としてでも、大嘗祭を再興せずにはおかない、天皇のきわめてつよいご意志をうかがわせる。

こうして、およそ半年におよぶ交渉のすえ、同年十二月、幕府はようやく大嘗祭の再興を認めた。

ここにいたるまでには、幕府のみならず、朝廷の内部にさえ有力な異論があった。わずかな経費によって大嘗祭の儀礼を省略することは祭神《さいじん》に対して非礼であり、無理な強行は諸司《しょし》の困窮をまねく、というのだ（『基照公記《もとひろこうき》』）。そうした俗論をおしきっての交渉だった。

霊元天皇は大嘗祭実現の見通しがはっきりしたのをふまえ、翌年四月に譲位されている。

しかし、こうして復興した大嘗祭は、天皇権威の回復をおそれる幕府からの制約によって、多くの簡略化をまぬがれなかった。

その最たるものは御禊行幸《ごけいぎょうこう》の停止。辰日《たつのひ》・巳日《みのひ》・豊明節会《とよあかりのせちえ》もただ辰日一日だけのものとされた。

さらに、多くの民衆が参加する標《ひょう》の山の行事も行われなくなった。儀式の次第・調度・設備・服飾の全般にわたる簡素化が少なくなかった。

これらははなはだ残念なことだ。だがそれによって、大嘗祭再興の意義がうしなわれるものでないのは、いうまでもない。

幕府から協力・奉賛の申しで

ところが、次の中御門天皇の大嘗祭は霊元上皇ご存命中のことながら、行われなかった。なぜか。

「大嘗会の行われなかったのは、前代の大嘗会に反対であった近衛家《このえけ》の意見による」（栗田元次氏）とか、「恐らく当時幕府の財政は極度に逼迫《ひっぱく》し、将軍宣下《せんげ》の資金も捻出《ねんしゅつ》に苦しんでいた程《ほど》であったから、大嘗会にはとても手が廻《まわ》らなかった」（辻達也氏）などと説明される。

次の第百十五代・桜町《さくらまち》天皇の大嘗祭。この時は幕府の態度がよほどちがってきた。むしろ幕府の側から、大嘗祭挙行への協力・奉賛を申しでてきたかたちだ（『大嘗会新嘗《しんじょうえ》会等御《ご》再興之《の》儀ニ付武辺往来留《つきぶへんおうらいどめ》』・『有徳院殿御実紀《ゆうとくいんどのごじっき》』）。

かくてこの天皇の大嘗祭は、元文《げんぶん》三年（一七三八年）につつがなくとり行われた。東山天皇の時は一日に略されてしまった節会も、辰日・巳日・豊明節会として復興することになった。ただし、御禊行幸《ごけいぎょうこう》と標の山行列は行われぬよう、条件づけられた。

これよりのち、大嘗祭はとだえることなくこんにちまでつづけられている。

ただし、徳川幕藩体制下、朝廷の権威がおさえつけられていた時代に再興された大嘗祭は、すでにみたように幕府側の意図によってはなはだしく矮小化されたものだった。

御禊行幸と標の山をひく悠紀・主基両地方の行列の停止は、その端的なあらわれだ。祭儀への民の参画・奉仕はほとんど除外され、もっぱら朝廷内部の行事と化した感が深い。

これまで支配的だった新嘗祭との〝同一性〟のみを強調する大嘗祭観は、かかる矮小化し「新嘗祭」化した大嘗祭の姿に対応する。

大嘗祭の全体性が回復された

私たちは今年の秋に、今上《きんじょう》陛下の大嘗祭をむかえようとしている。多くの人々はこれを当然のことと考えているだろう。だがそれは、この近世における大嘗祭の再興なくしては、とてもあり得ないことだったのだ。

二百二十一年、九代の天皇にわたって中絶した大嘗祭。それが復興し得たのは、あだやおろそかなことではない。

大嘗祭行われざる時代。もちろん、天皇はあくまで天皇でありつづけられていた。しかし、領主層の支配下におかれた国民は、統一した〝公民〟として大嘗祭を奉仕できなかったのだ。

だが、やがて公民復権の時代をむかえる。それは天皇がふたたび歴史の舞台に浮上し、ひさしくうしなわれた大嘗祭の全体性が回復される時代でもある。

その画期はいうまでもなく、明治維新だ。

明治の大嘗祭については次のように指摘されている。

「中古以来の（略）個別領有制・身分制を払拭《ふっしょく》した天皇の公的・普遍的統治を祭儀の上から確定する国家祭祀として行われた」（武田秀章氏）と。

大嘗祭が国民的行事としての性格を回復したことをよく示しているのが、各都道府県から特産の農水産物などがあたらしく供えられるようになった事実だ。

それらは、悠紀・主基両殿の南側の庭に机を置いて、その上に供えられる。そのために「庭積机代物《にわづみのつくえしろもの》」と呼ばれる。

大嘗祭は、かくて第八期へとうつる。それは、このたびの大嘗祭にまっすぐつながる時代に入ったことを意味する。

第七章

現代にとって大嘗祭とは何か

I　憲法と大嘗祭

ポスト〝工業社会《モダン》〟への大嘗祭

きたるべき大嘗祭。私らはこれをいかにむかえるべきか。

これは、たんに皇室の〝伝統的〟な儀式をどう「保存」するか、といった問題ではない。こんにちのわが国の天皇と国民の関係性が、いかなるものとして総括され、更新されるべきか、ということだ。あるいは、わが国そのものが国家としての自己の像を、いかなるものとしてとらえかえすか、ということだ。

それは〝過去〟のたんなる擁護ではない。むしろ、歴史の継承をふまえた、未来の選択である。

あたらしい時代のはじめにあたって、私らは日本人としてどのような自分を選びとるのか。大嘗祭を通して今、それが問われているのだ。

大嘗祭が皇室や中央政府の内部で完結するものでないことは、本書が一貫して明らかにしてきたところである。むしろ、国家の全体性（構造性と歴史性）をつつみ込み総括する祭儀。

その骨格をなすのは天皇と民の関係性だ。その意味で、大嘗祭は国家の統一と国民の統合を表徴するものだった。

民《たみ》の側からいえば、個別的支配から解放されて自立した公民としてあることとの指標――。さらに視点を現代にすえてみた場合、大嘗祭があらたな意義をになうにいたった点にも注意しなければならない。わが国の社会構造は、農耕社会の段階をとっくにこえた。工業社会を経て、すでに情報社会といわれる段階に入って日が浅くない。これはすべて、大嘗祭の第八期（明治維新後）にうつってからのちの社会の激変によるものだ。

日本人の圧倒的多数が、もはや農耕とは無縁な生活をしている現代。〝稲作《いなさく》〟を中心とする大嘗祭は、皇位継承儀礼として、より切実な意味をもつことになったとすべきだ。悠紀《ゆき》・主基《すき》両地方の奉仕は、ほんらい全国の公民の奉仕を象徴するものとして、おもに国家の構造性をになった。しかし、今やそれは、稲作による奉仕であることによって、工業社会〝以前〟との歴史的連続性を現証する意義ももつ。

私らがこの国の民としての連続性をもし願うならば、大嘗祭に対してとるべき態度はおのずときまってくるだろう。また、統一ある国民として新時代にのぞもうとするならば、きたるべき大嘗祭はそれを祭式的《さいしき》に表示するものだ。

日本人が日本人としての自己同一性を、御代《みよ》ごとにたしかめる祭儀。現代の私らはこれとどのように向き合おうとするのか。

大嘗祭は憲法上の要請

現憲法における天皇の地位について冷静に検討するならば、大嘗祭は憲法上も不可欠のものとして期待されているのがわかる。

今の憲法は、天皇の国政上の権能を認めていない（第四条）。が、一方で天皇に対して「日本国」および「日本国民統合」の「象徴」であられることをもとめている（第一条）。国家と国民統合をトータルに象徴されるべき地位にいらっしゃる天皇。これが、憲法の要請する天皇像に他ならない。

「国民全体性の表現者」（和辻哲郎氏）としての天皇、といいかえてもよい。とすれば、国家の構造性と歴史性をトータルにつつみこみ、国民の統合を祭式的に体現する大嘗祭こそ、皇位継承儀礼として最も欠かせないものだ。

また、憲法は「皇位は、世襲のもの」と明記する（第二条）。皇位の世襲継承の原則をうたってある。

この規定は、皇位継承にともなう伝統的諸儀式を当然のこととして予想し、包含《ほうがん》するものと解すべきだ。

この点からも、大嘗祭が国の責任で執り行われることは憲法上の要請といえる。

Ⅱ　天皇の未来と大嘗祭

〝新儀〟と〝古儀〟のあいだ

きたる大嘗祭の挙行にあたってまず準拠とすべきは、いうまでもなく平成二年に執り行われた上皇《じょうこう》陛下の大嘗祭だろう。

これは明治維新による国家変革をふまえ、皇位継承儀礼のあたらしいかたちを定めた旧「登極令《とうきょくれい》」（およびその附式《ふしき》、明治四十二年〈一九〇九年〉）を模範とした。大嘗祭についてもあらたな標準《スタンダード》（〝新儀〟）をきめている。もちろん〝新儀〟といっても、大嘗祭の伝統を断絶させるものではない。構造上の一貫性は歴然としている。

むしろ、平安時代中期（大嘗祭の第二期）以降失われていった、大嘗祭の全体性を回復し、〝古儀〟としての大嘗祭をあたらしい時代に再建しようとしたものだ。

そこでは、たんに儀礼的な再整備がはかられたのではない。維新による国家の普遍的統治の回復にみあった、大嘗祭の再確立がなされたのだ。私が準拠すべきものと考える理由も、ここにある。

ただし、〝新儀〟と〝古儀〟の間に差異が認められることも、もとよりである。いくつかのポイントにふれておこう。

まず「庭積机代物《にわづみのつくえしろもの》」として全国の国民から物産（農産物・水産物など）を献納することがはじめられた。これは、大嘗宮の悠紀殿・主基殿の前に別の場所（庭積の帳殿《ちょうでん》）をもうけて、そこにおそなえする。これによって、全国民による大嘗祭への奉賛が、より幅広いものとして実現することになった。大嘗祭の意義にそくした、めざましい新例というべきだ。

ただし、旧登極令では斎行場所が首都でなくなっていた。旧皇室典範（明治二十三年制定）の第十一条に「即位ノ札及《および》大嘗祭ハ京都ニ於《おい》テ之《これ》ヲ行フ」と定められたのをうけたものだ。大嘗祭は朝廷の最も国家的な施設である朝堂院《ちょうどういん》で行うのが〝古儀〟だった。それ以前でも必ず天皇の「宮」のある場所で行われた。

「旧都《きゅうと》」で大嘗祭を行うとの規定は、かつて例をみないものだ。

これは明治期の官民の間に、〝千年の都〟京都への愛着がいかにつよかったかをうかがわせる。が、大嘗祭の古儀・沿革をかえりみる時、それはやはり過渡的な姿というべきだった。

平成の大嘗祭では、「即位の礼」とともに、首都である東京で行われた。これは、皇位継承儀礼としてほんらいのあるべき姿を取りもどしたことを意味する。

また、即位式と大嘗祭が時をおかず連続して行われるようになった。これは、両儀を京都で行うようになったことが影響しているだろう。

旧登極令では「大嘗祭ハ即位ノ礼訖《おわ》リタル後続《のちつづい》テ之《これ》ヲ行フ」（第四条）ことになった。

両儀を首都からはなれた地―京都で行う以上、時間をはなして別々に挙行するのは、大きな負担となるからだ。

これによって、大嘗祭のものいみ（斎戒《さいかい》）も一ヶ月から三日間に、大幅に短縮されることになる。即位式ののち「続テ」大嘗祭の神事を行わなければならないためだ。

即位式と大嘗祭が時をおかず挙行されることは、旧皇室典範の予想しなかったことだ。しかしそれは、同典範が両儀を「京都ニ於テ」行うと規定したことの、当然の帰結だった。

大嘗祭のものいみ期間が短縮され、性格を異にする即位式と大嘗祭が近接して行われることについては、かねて柳田国男氏が違和感を表明していた（「大嘗祭ニ関スル所感」）。

平成も両者は引き続いて行われた。しかし、きたる大嘗祭はいささかその点の見直しがなされた。即位礼が十月二十二日であるのに対し、大嘗祭は十一月十四・十五日と少し間隔をはなして執り行われる。

古儀との大きなちがい

古儀とのちがいの大きなものとしては、天皇を中心とした〝官〟をあげての行事だった事前の御禊行幸《ごけいぎょうこう》と、〝民〟をあげての奉仕を象徴する神事当日の地方民の献上物を運びこむ標《ひょう》の山をひいての大行列がともに復興されないままだ。

もちろん、時代がちがい種々の条件もちがう。だからそのまま復活することはありえない。それでもコンセプトを受けつぐ行事を何か考えられないだろうか。

このほか、神事の際、皇后のご礼拝が行われるようになったこと。大嘗宮が神事ののちもとりこわされず、しばらく国民の拝観を許すようになったこと（平成の大嘗祭では十一月二十九日から十二月二十六日まで拝観が許され、四十三万九千七百八十人の国民が参観した）。などなど、新例としてあぐべきものも少なくなかった。

これは、大嘗祭がたんに〝保存せられたるもの〟ではなく、国家の発展に相即《そうそく》し、天皇と民の関係性の展開とあゆみをともにする、「生きた」祭儀であるためだ。

ただ、その間にあって、神事の中枢に確然として持続性がつらぬかれたことは大切だ。

国民の大嘗祭

柳田国男氏の「大嘗祭と国民」の一節に、こうある。

古い儀式の中では、北野に近い斎場《さいじょう》の御庫《おんこ》から禁門《きんもん》の口まで稲実《いなのみ》を運ぶ朝のうちの行列が、ただ一つ平人《へいにん》に開放せられたる神事であつた。その行列の先頭には悠紀主基《ゆきすき》の国司が立ち、また標《ひょう》の山《やま》といふ作り物を担《にの》うて、それを御殿《ごてん》の前の庭に樹《た》てたさうである。

何時《いつ》からはじまつてその目途《もくと》が何《いず》れにあつたかを、我々に語つてくれる人も見付からぬうちに、もう今の御式《おんしき》の中から省《はぶ》かれてしまつた。

在京の斎場から朝堂院へ両地方からの献上物を運ぶ神事当日の大行列に、いちはやく注目されたのはさすがだ。『儀式』の規定で五千人、今でいえば十万人規模の大行列だったことはまえに述べた。

しかも、この大行列は悠紀《ゆき》・主基《すき》にわかれてみやこ大路《おおじ》の東西の通り（大宮《おおみや》大路・西《にし》大宮大路）を大きく北から南へくだり、東西から合流して中央通り（朱雀《すざく》大路）を南へのぼって朝堂院をめざす、たいへんなまわり道をわざわざとった。

みやこや近在の人たちは、この行列のさかんなさまに目をうばわれたであろう。『中右記《ちゅうゆうき》』によれば「見物の車馬で道路に隙《すきま》なし」のありさまだったという。

とくに標の山はみものだった。『中右記』を書いた平安貴族の藤原宗忠《むねただ》もわざわざ通りまで見物にでかけたが、すでにひきいれたあとだったので「はなはだ遺恨《いこん》なり」とくやしがっている。

この行事は、あたらしい御代《みよ》のはじめに、昔とかわらぬ公民奉仕の姿を世上ににぎにぎしく示すものだった。悠紀・主基両地方の民にとっても、最もはれがましい瞬間だったはずだ。

標の山が何であるか。今の私にはわからない。神霊《しんれい》がのりうつられる依代《よりしろ》だったという人がいる。史料をみるかぎり、そんな様子はない。

一条兼良《いちじょうかねら》は「標の山といふは大嘗宮のまへに両国の国司列立《れつりゅう》すべき所のしるしの木に大なる山をつくりさまざまの作り物を餝《かざ》りて引き立つる事あり」（『御代始抄《みよはじめしょう》』）と説明した。ただし、『儀式』・『北山抄《ほくざんしょう》』・『兵範記《ひょうはんき》』などでは、標の山は「大嘗宮のまへ」まで運びこまれないことになっていた。

「悠紀・主基両斎国《さいごく》から祥瑞《しょうずい》（めでたい前兆）を以《もっ》て天皇の御代を称《たた》える『しるし』としたもの」と考えた人もいる（真弓常忠氏）。

とにかく、シナ風のかぎりつけの多い、ずいぶん賑《にぎ》やかなものだったようだ。関係史料もいくらかのこっているから、似たかたちのものを再興しようと思えばできるはずだ。

シナ風のかぎりは一切停止した時もあった（淳和《じゅんな》天皇代）から、それをシナ風のままに復興する必要はない。だが、両地方の大切な奉仕として献上物を運ぶ大行列を復活し、その中で古儀さながらに標の山がひかれる光景を思いうかべると、大嘗祭がいっそうなつかしいものに感じられる。

大嘗祭というと、もっぱら闇夜《やみよ》に行われる〝密室の秘儀《ひぎ》〟といった連想をする人が少なくない。しかし、それは偏った見方だ。

新嘗祭についてはあてはまっても、大嘗祭ではよほど見当がちがってしまう。しかも〝秘儀〟とはいわれるものも、「神《かみ》と君《きみ》と、同時に御《お》食事をなされる、寧《むし》ろ単純素朴に過ぎたとも思はれる行事」に他ならない（柳田国男氏『海上の道』）。

大嘗祭が神聖かつ荘重《そうちょう》この上ないものであるのはいうまでもない。しかし、国民の参画・奉仕を不可欠の条件とする、「開かれた」面を見逃しては理解をあやまる。

なお、新嘗祭《にいなめさい》も明治二十五年（一八九二年）以降、国民の願いにより、全国各地より米と粟《あわ》が献上され、それが供えられることになった。これは国民国家の時代にうつって、新嘗祭がすこし「大嘗祭」化したともいえよう。

大嘗祭ほんらいの意義にたった古儀の回復と、国民生活の進展にそくした儀礼上の展開。その根底には、必ず天皇と国民との生々《せいせい》たる関係性が健やかに息づいていなければならない。

変化をこえる「不変」

私らの生きている時代はめまぐるしく変化している。あたらしい商品、あたらしい産業、あたらしい生活。しかも、時代の変化はより加速化することはあっても、なかなかスローテンポにもどることはなさそうだ。

したがって、私らはそれに適応できるあたらしいノウハウを次々身につけ、あたらしいくらしを工夫してゆかなくてはならない。

あたらしい生活感覚。あたらしい価値観。

だが、そうして間断なくおとずれる〝あたらしさ〟と時代の変化の中で、人はなお動かざるもの、時とともにうつろわざる何かを求める。

むしろ、社会や生活の変化がはげしければはげしいほど、不変なる一点を希求するこころはつよい。

「時代おくれ《レトロ》」が周期的に流行するのも、そのひとつのあらわれだ。

新元号の発表にともなう『万葉集』ブームや、古代史や考古学への関心が国民的なひろがりをみせているのも、そうした心性と無関係ではあるまい。

わが国の歴史をふりかえって、ありとあらゆるものがうつろい、過ぎ去っていった中で、ひとり天皇のみが一貫性をまもりぬいたことに気づく。それは一本の鉄の棒のように歴史をつらぬいたのでは、もちろんない。疾走《しっそう》するあばれ馬にまたがる名騎手の姿勢が動かざるごとくに、歴史の激動を耐えきたったのだ。

学者は軽々しく「そもそも天皇という地位が中世・近世を通じてともかくも存続していたことは、はじめから誰にもわかりきったこと」（黒田俊雄氏）などと口にする。しかし、この「はじめから誰にもわかりきったこと」が事実としてもつ意味は重い。

「そもそも天皇という地位」の源流は本書でたしかめたように、〝天皇〟という称号が成立する以前、わが国における世襲王権確立の時まで遡《さかのぼ》る。それが「中世・近世」どころか、先の大戦終結後につくられた今の憲法にも「国民統合の象徴」「皇位は、世襲」と定められ、

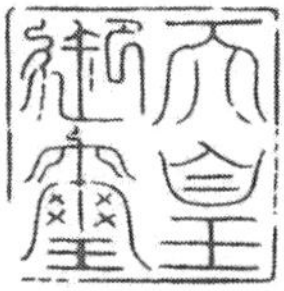
天平感宝元年
（749年）

延長5年
（927年）

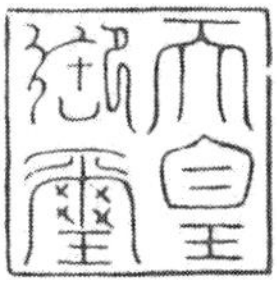
承安2年
（1172年）

元和3年
（1617年）

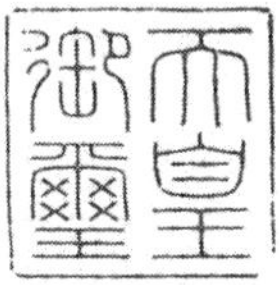
明治4年
（1871年）

明治7年
（1874年）

御璽《ぎょじ》　天皇の印。「天皇御璽」の四字を刻す。今上《きんじょう》天皇は令和元年5月1日、上掲「明治7年」の御璽を〝神器〟および国璽（国の印）とともにご継承になられた（剣璽等承継の儀）

令和のこんにちまで確固として持続してきたのだ。

この最も古くして、こんにちになおあたらしいもの。「国民とともに」あゆみながら、必ず国民をこえた高みにある不動の一点。

時代がうつろい、社会が高度化し、産業が複雑に発展すればするほど、人々のこころにわが国の長い持続性を象徴するこの一点をふりかえり、仰ぎみて憧憬《しょうけい》する気持ちはつのってくるだろう。

昭和天皇がはじめて皇居（宮城）内に水田をひらかれ、おんみずからお田植えをなされるようになったのは昭和四年のこと。

やがて、その昭和の時代の進展とともに、国民の大多数は農業からはなれ、こんにちの高度情報社会を招来した。今や専業農家は国内の総戸数の一パーセントに満たない。

「稲を選んだ日本人」の中で、最後まで稲をおまもりになっているのは、天皇陛下だ。それはもちろん、たんなる特定産業の奨励の意味ではない。この国の連続性を深いところで体現されているのだ。

自己確認《アイデンティティー》としての大嘗祭

わが国の文化的な一貫性を支えられる天皇。日本社会のめざましい変容と展開は、そのご存在を前提としてこそ、いかんなく、かつ健全にとげられるものだ。

天皇をもっぱら守旧の牙城《がじょう》であるかのように考えるのは、あやまっている。皇室ごじしん、進取の気象にとむ伝統をおもちで、歴史的にわが国における「海外文明総合のセンター」としての役割をはたしてこられた事実がある（葦津珍彦氏）。

あまたの海外文明を受容されつつ、固有性の肝心は大切にまもってこられたのだ。

この柔軟性《フレキシビリティ》と不変性は、わが国の今後の調和ある発展に不可欠なものといわねばならない。

その天皇が行われる最も古い由来をもつ神事。これに国家国民をあげて奉仕するのが大嘗祭だ。

その奉仕の欠かせない通路となるものが稲作であり、その他の農業や生業《せいぎょう》である。

大嘗祭とは、御代のはじめに、天皇の神聖な神事に国と民が古来の生産生活をあげて奉仕する祭儀だ。これを奉仕することによって、理念上、国民は歴史の変遷をこえた日本人としての一貫性をたしかめることができる。国家もまたその連続性と統合性を祭式的に確認できるのだ。

誤解のないようにいっておく。天皇の神事に奉仕することは、国民が天皇の〝私的〟隷属下に入ったり、いわゆる「支配と服属関係を確立する」（角田三郎氏）ことを意味するものでは、まったくない。むしろ逆だ。

この点はすでに述べたことだが、それはむしろ一切の個別的な「支配と服属関係」を超克し、もっぱらこの国の公的統治のもとに自立した（自由で平等な）「公民」としてあることをあかすものだ。

――大嘗祭。

私らがこれにいかなる姿勢でのぞむかは、もちろんひとりひとりの自由だ。だがそれは、自分をいかなるものとして選びとるのかという問題に直結している。

私らは、日本人としての歴史的連続性と、公民としての〝あらゆる個別的支配〟からはなれた自立性を、みずから選びとるのか。それともそれに背をむけようとするのか。

あたらしい時代の幕あけに、それを問われている。

【天皇系図】（付・大嘗祭斎行状況）

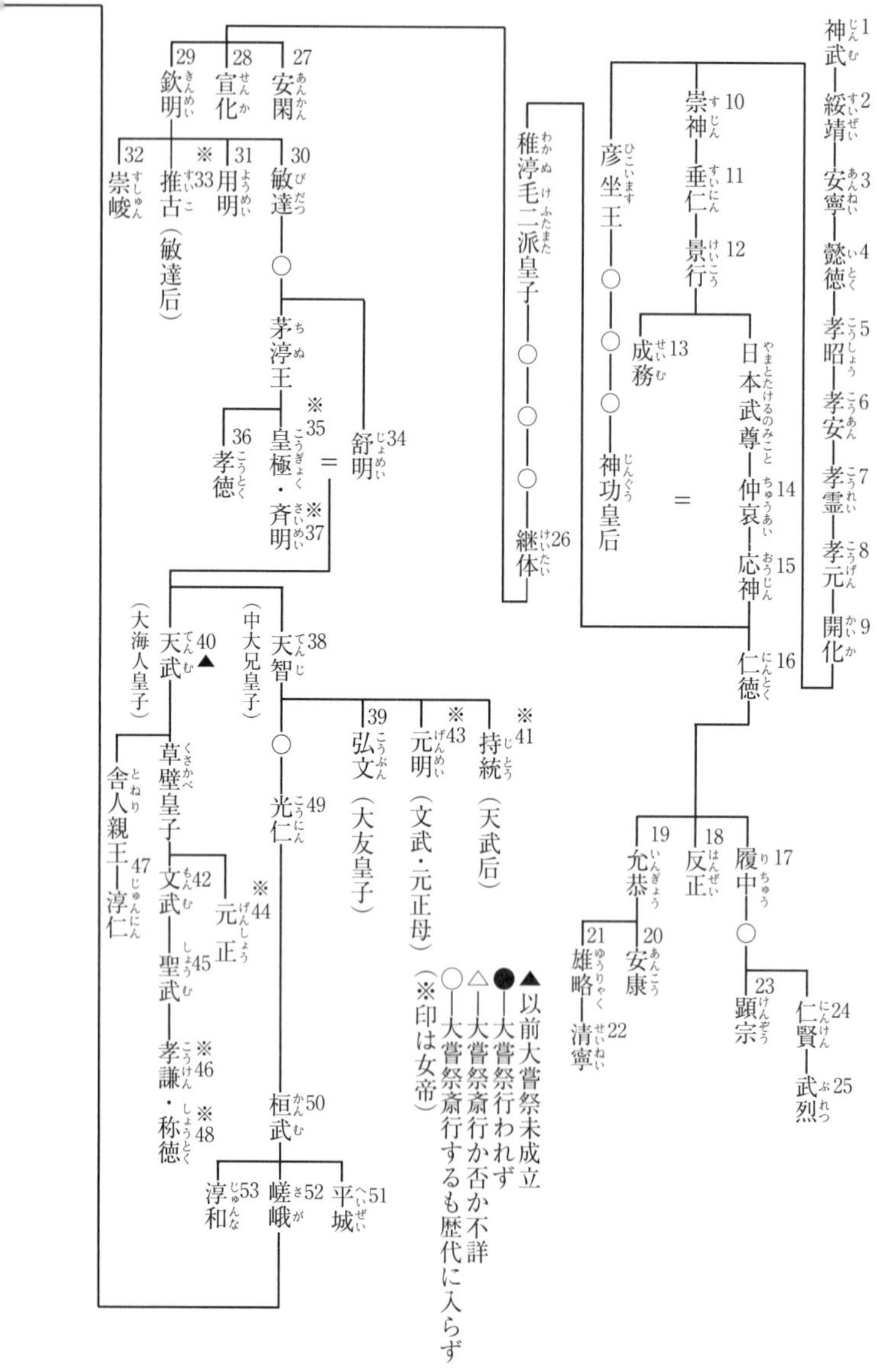

天皇系図

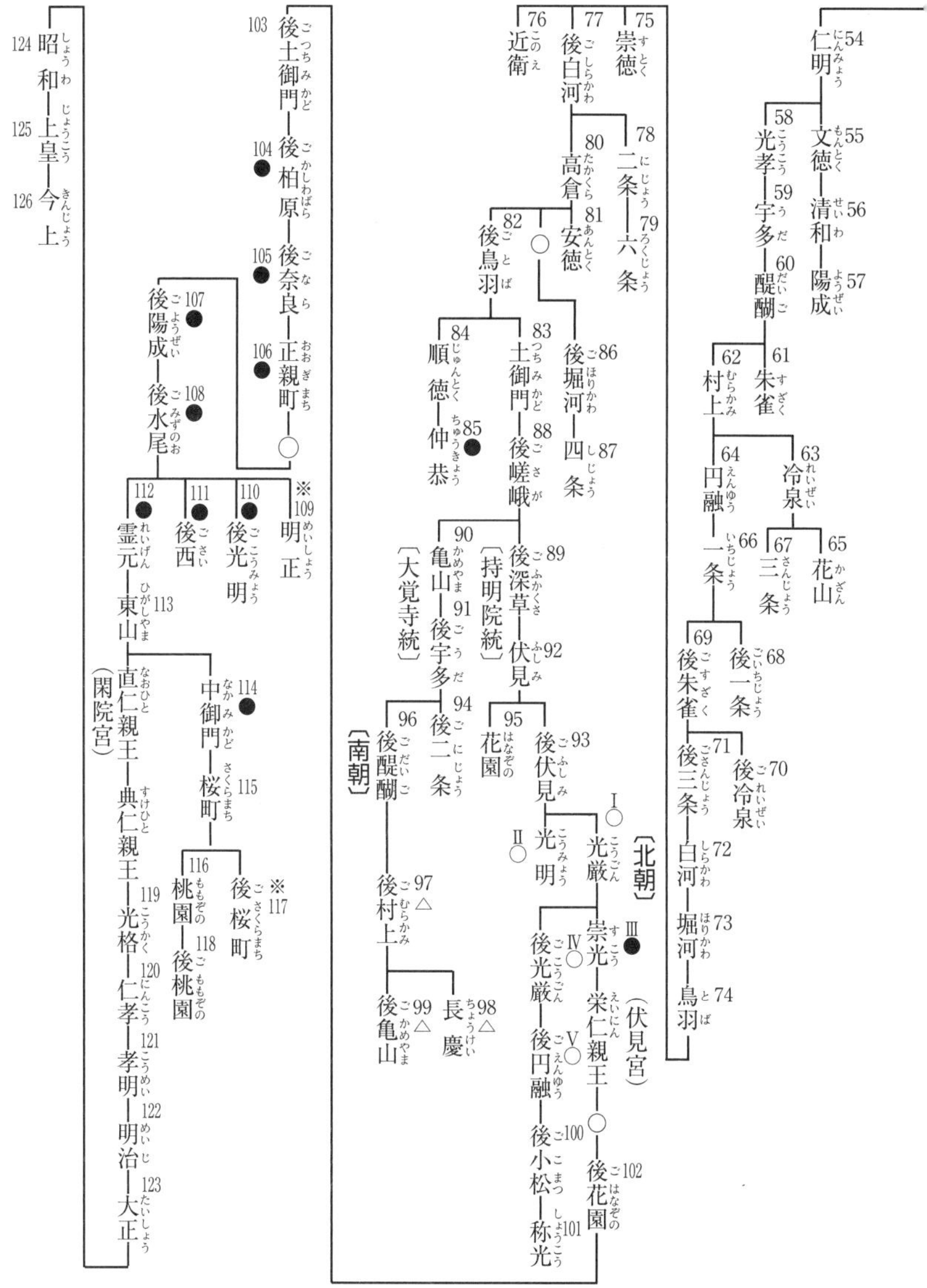

54 仁明《にんみょう》
55 文徳《もんとく》
56 清和《せいわ》
57 陽成《ようぜい》
58 光孝《こうこう》
59 宇多《うだ》
60 醍醐《だいご》
61 朱雀《すざく》
62 村上《むらかみ》
63 冷泉《れいぜい》
64 円融《えんゆう》
65 花山《かざん》
66 一条《いちじょう》
67 三条《さんじょう》
68 後一条《ごいちじょう》
69 後朱雀《ごすざく》
70 後冷泉《ごれいぜい》
71 後三条《ごさんじょう》
72 白河《しらかわ》
73 堀河《ほりかわ》
74 鳥羽《とば》
75 崇徳《すとく》
76 近衛《このえ》
77 後白河《ごしらかわ》
78 二条《にじょう》
79 六条《ろくじょう》
80 高倉《たかくら》
81 安徳《あんとく》
82 後鳥羽《ごとば》
83 土御門《つちみかど》
84 順徳《じゅんとく》
85 仲恭《ちゅうきょう》
86 後堀河《ごほりかわ》
87 四条《しじょう》
88 後嵯峨《ごさが》
89 後深草《ごふかくさ》
〔持明院統〕
90 亀山《かめやま》
〔大覚寺統〕
91 後宇多《ごうだ》
92 伏見《ふしみ》
93 後伏見《ごふしみ》
94 後二条《ごにじょう》
95 花園《はなぞの》
96 後醍醐《ごだいご》
〔南朝〕
〔北朝〕
97 後村上《ごむらかみ》
98 長慶《ちょうけい》
99 後亀山《ごかめやま》
Ⅰ 光厳《こうごん》
Ⅱ 光明《こうみょう》
Ⅲ 崇光《すこう》
Ⅳ 後光厳《ごこうごん》
Ⅴ 後円融《ごえんゆう》
100 後小松《ごこまつ》
101 称光《しょうこう》
栄仁《えいにん》親王
（伏見宮）
102 後花園《ごはなぞの》
103 後土御門《ごつちみかど》
104 後柏原《ごかしわばら》
105 後奈良《ごなら》
106 正親町《おおぎまち》
107 後陽成《ごようぜい》
108 後水尾《ごみずのお》
※109 明正《めいしょう》
110 後光明《ごこうみょう》
111 後西《ごさい》
112 霊元《れいげん》
113 東山《ひがしやま》
114 中御門《なかみかど》
115 桜町《さくらまち》
116 桃園《ももぞの》
※117 後桜町《ごさくらまち》
118 後桃園《ごももぞの》
直仁《なおひと》親王
（閑院宮）
典仁《すけひと》親王
119 光格《こうかく》
120 仁孝《にんこう》
121 孝明《こうめい》
122 明治《めいじ》
123 大正《たいしょう》
124 昭和《しょうわ》
125 上皇《じょうこう》
126 今上《きんじょう》

おわりに

昭和から平成への御代替《みよが》わりの当時、大嘗祭《だいじょうさい》についての誤解がひどかった。

〝天皇霊〟を継承する密室の秘儀《ひぎ》で、天皇はこれによって「真に」天皇となる資格をはじめて得られる、と。

だったら大嘗祭「成立」以前の天皇はどうなる？　南北朝時代の南朝方《がた》の天皇や戦国時代以降、大嘗祭が中断した時期の天皇など、大嘗祭を行っていない天皇は？

つっこみどころ満載ながら、何故か信じる人も少なくなかった。

これに対して、真摯《しんし》な研究者らの努力で実証的な批判が次々と提出された。その結果、「天皇霊」説はすでに過去のものになった。この方面の研究を深められた先学に、あらためて敬意を表したい。

ただし、そうなると次の問題が浮かび上がる。「だったら、大嘗祭は何のために行うのか？」「大嘗祭はそもそも皇位継承儀礼としてどのような意義があるのか？」

こちらの問いかけに対する説得力のある回答は、残念ながらこれまであまり見かけない。まったくの手前味噌《てまえみそ》ながら、私の旧著『天皇と民の大嘗祭』が数少ない回答の一つだったのではないか…と、自分で勝手に考えている。

先の問いに答えるためには、最低限、二つの手つづきが必要だ。

一つは、天皇が毎年行われている恒例の収穫祭である新嘗祭《にいなめさい》と、ご即位にともなうご一代に一度かぎりの大嘗祭との、ちがいを明確にすること。

もう一つは、ほかの皇位継承儀礼（神器《じんぎ》の継承や即位式）にはない、大嘗祭だけの固有の意義を明らかにすること。

旧著では、実証的な根拠を示しながら、これら二つの手つづきを踏んで、一応、「大嘗祭を何故あらためて行う必要があるのか？」という根源的な問いへの〝答え〟を用意することができたつもりだ。

幸い、旧著はそれなりに好評を得ることができた。専門家からも予想以上に高い評価をいただいた。たとえば、法制史家の水林彪《たけし》氏は批判的な観点からではあるが、以下のよう言及して下さった。

「高森氏の大嘗祭論は、管見《かんけん》の限りでは、この問題を論じたおびただしい数にのぼる著作・論文のなかで、群を抜いて優《すぐ》れたものである」

「大嘗宮《だいじょうきゅう》の秘儀を空想たくましく論ずるのを常としてきた通説的手法とはっきりと訣別《けつべつ》し、儀式の内容を確実な文書史料によって比較的よく知ることのできる大嘗宮儀式以外の祭《さい》式《しき》に着目されて、この祭式をば、古代社会全体の構造史的展開の中に位置づけることによって、大嘗祭の本質に迫ろうとした氏の方法は、まことに読みごたえのある大嘗祭論へと結実することができた」

「（大嘗祭と新嘗祭）とは、規模の大小という単なる量的差異に還元できない質的相違を含んでいるという氏の主張は、まことにその通りであるように思われる」

「（これまでの）研究史を想起するならば、高森説は画期的な学説と評することができよう」

（『記紀神話と王権の祭り』）

現在でも旧著の価値がまったく失われたわけではないようだ。

そこで出版社のおすすめに従い、それにいささか手を加え、読者に〝より読みやすい〟形で本書を世に出すことにした。あたらしい天皇陛下の大嘗祭をひかえ、わずかでも理解へのヒントを提供できれば幸いだ。

旧著刊行の機縁を与えてくれた展転社の前社長、藤本隆之兄にあらためて感謝する。

令和元年五月二日

高森明勅

高森明勅（たかもり　あきのり）
昭和32年、岡山県生まれ。神道学者、皇室研究者。國學院大學文学部卒業。同大学院博士課程（神道学専攻）単位取得。拓殖大学客員教授、防衛省統合幕僚学校「国家観・歴史観」講座担当などを歴任。大嘗祭の研究で神道宗教学会奨励賞を受ける。小泉内閣当時「皇室典範に関する有識者会議」のヒアリングに応じる。現在、日本文化総合研究所代表、神道宗教学会理事、國學院大學講師など。著書は、『天皇と民の大嘗祭』（展転社）、『はじめて読む「日本の神話」』（同）、『この国の生い立ち』（ＰＨＰ研究所）、『天皇から読みとく日本』（扶桑社）、『謎とき「日本」誕生』（ちくま新書）、『日本の10大天皇』（幻冬舎新書）、『天皇「生前退位」の真実』（同）『歴史で読みとく女性天皇』（ベスト新書）、『私たちが知らなかった天皇と皇室』（ＳＢビジュアル新書）、『古事記が日本を強くする』（共著、徳間書店）、『歴代天皇事典』（監修、ＰＨＰ文庫）、『上皇陛下から私たちへのおことば』（同、双葉文庫）、『天皇と元号の大研究』（同、ＰＨＰ研究所）など。

天皇と国民をつなぐ大嘗祭

令和元年五月二十五日　第一刷発行

著　者　高森　明勅
発行人　荒岩　宏奨
発　行　展　転　社

〒101-0051 東京都千代田区神田神保町2-46-402
ＴＥＬ　〇三（五三一四）九四七〇
ＦＡＸ　〇三（五三一四）九四八〇
振替〇〇一四〇―六―七九九九二

印刷製本　中央精版印刷

乱丁・落丁本は送料小社負担にてお取り替え致します。
定価［本体＋税］はカバーに表示してあります。

ISBN978-4-88656-480-1